JN080613

「書経」講義録

組織を繁栄に導くための
トップと補佐役の人間学

東洋思想研究家
田口佳史
taguchi yoshifumi

致知出版社

まえがき

儒家の思想の典籍といえば、やはり「四書五経」ということになります。

その中でも『書経』は、最も儒家らしいといいましょうか、まさに人間が陥りがちな間違いから、その克服の仕方、政治や経営の在り方までを実にいきいきと描いています。古代の歴史上の帝王とその人を取りまく臣下とのリアル極まりないやり取りを、あたかもその場に居合わせたかのように描いています。人生書にして経営書、歴史書にして政治書、リーダーシップ論にしてフォロワー論、まさに「人間学」の教科書であります。

「四書」はよく手に取るが、「五経」はどうも厄介そうでと、敬遠してしまう人が多いのですが、とても残念なことです。

この『書経』は読んでみると、実はこれほどわかりやすい本はないのです。

更に面白い。大スケールの壮大な歴史映画の一コマでも見ているような、心躍る場面が次々と現れるような面白さがあります。

「四書」から「五経」へと入るための書物としては打って付けといえましょう。

多くの方が、「四書」ばかりではなく「五経」へと入っていただきたいと念願していたところへ、致知出版社から「書経講義」の依頼を受けました。

勇躍臨んだところで、コロナ禍に見まわれたのです。

一時はどうなることかと思案をいたしましたが、何とかリモート講義で行おうということになりました。

講義というのはご承知の通り、人間が人間に対して行うもので、ということは、こちらの魂が、受講者の皆さんの魂と会話してはじめて成り立つものなのです。

パソコンという機械を仲立ちとして、そんなことができるのか、理想の講義ができるのかと懸念いたしました。

『致知』の読者である受講生の皆さんの特長は、何しろ学ぼうという姿勢に溢れていることです。

これはこれまで何度かの講義の経験で、とても強く感じたところでした。

会場において演壇から受講生の方々と目が合うと、そこには必ず燃えるような目が受けて立ってくれるのです。

リモート講義では、さすがにこうしたやり取りは成り立たないのではと思っていました。

ところが、それはただ単なる懸念に終わりました。やはり、受講生の方々の学ぶ情熱は、常にこちらに伝わってきたのです。

この向学力とでもいうべき力に押されるように、五回の講義を充実感、満足感とともに終了することができたのです。

『書経』はそれなりにボリュームがあります。それを「五回」の講義で、それもリモート講義の緊張保持の限度と思われる一回二時間で、どのように行うかも、悩みの種でありました。様々な観点から考慮して、その代表的な章を抜粋してみましたが、こうして一冊の書物になってみると、まことに見事な『書経』になったと安堵し、そして念願とした書物を上梓した悦びとが、湧いてくるのを覚えます。

これも致知出版社の藤尾秀昭社長、柳澤まり子副社長、編集の小森俊司氏の熱意の賜物でありますが、何といってもコロナ禍でも負けることなく、毎回熱心にご出席をいただいた受講生の皆さんの力強い支えによるものであります。心から御礼申し上げます。

コロナ禍を私達人間に対する天からの啓示であると受け取るならば、そこにはどのようなメッセージが説かれているのか。東洋思想では、そのように受けとめるべきだと考えます。

コロナウイルスは、これまでは、人里離れた孤立した岩窟や深い森林の奥に生息している蝙蝠の細胞を借りて生息してきたといいます。そんなものがなぜ人間世界へやってくることになったのか。どうやらそれは人間の行き過ぎた開発競争の結果、人間の入るべきでない領域、つまりそこにはそこで生息している多数の生物が生きている領域へさえも、開発の手が伸びてしまった結果だということです。つまりこのコロナ禍という災厄は、人間の飽くなき強欲の結果ともいえるのです。

この『書経』が説くところは、天の意向に則り、「道理・道義」を忘れない社会や国家をつくることにあります。地上最大といえるほどの権力を手に入れた帝王には、常に己を戒め、律することが求められています。したがって、いまこの時こそ、この『書経』の精神を、最も重要な人間の厳守すべき教えとして、全世界の人々が心から親しむべきものといえるのではないでしょうか。切に望むばかりであります。

令和二年十二月

田口 佳史

書経講義録＊目次

第一講　堯典、舜典を読む

第二講　大禹謨、皋陶謨を読む

第四講　太甲、説命、泰誓、武成を読む

第五講　洪範、旅獒、無逸、周官を読む

装幀——秦　浩司
編集協力——柏木孝之

登場する王

堯

舜

夏

禹 → 桀

殷

湯 ─ 太丁 ─ 太甲 →

湯 ─ 外丙

湯 ─ 仲壬

─ 武丁 ─ 紂

周

文 ─ 武

周王朝の歴史

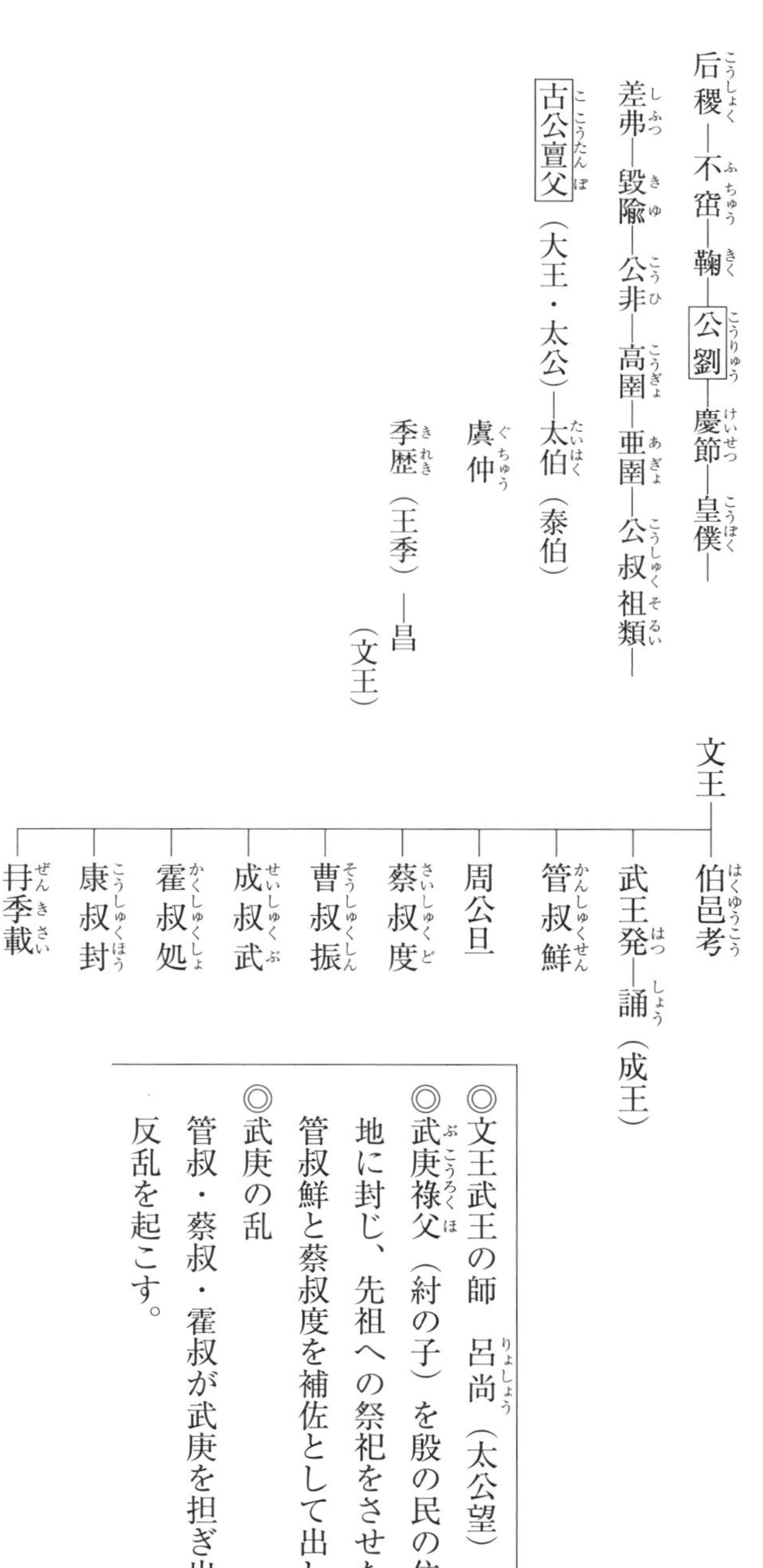

◎文王武王の師　呂尚（太公望）

◎武庚禄父（紂の子）を殷の民の住む地に封じ、先祖への祭祀をさせた。管叔鮮と蔡叔度を補佐として出した。

◎武庚の乱
管叔・蔡叔・霍叔が武庚を担ぎ出し反乱を起こす。

底本には『書経』上・下新釈漢文大系（明治書院）を使用した。

第一講　堯典、舜典を読む

●人間を中心に政治や経営のあり方を説いた『書経』

儒家の思想といえば四書五経が頭に浮かびます。この四書五経のうち五経の中心となるのが、これから読んでいく『書経』です。では、『書経』とはどういうものなのか。最初にその概要からお話をしてみようと思います。

今も申し上げたように『書経』は、『易経』『書経』『詩経』『礼記』『春秋』からなる五経の一つです。五経は儒家の思想の根幹を成すもので、中でもこの『書経』には政治に関する内容が書かれています。今日の政治は経済と関連して語られることが多くなっていますが、古代中国では、政治とは人間学でした。残念ながら、今の政治は人間学からだいぶ遠のいてしまっていますが、いつの世でも、政治の根幹には人間が存在しているのです。

『書経』を読むと、改めてそれを思い起こされます。また、人間を扱っているという意味では、『書経』は経営の書としても読むことができます。生前にお付き合いのあった松下幸之助さんは、私に「経営の根幹は人間の把握だ。人間を知らない経営者には、経営はなかなか難しい」とおっしゃっていました。まさに政治も経営も、人間を知ることが最も重要なのです。人間をよく知ることを「哲」といいます。ここから哲学という言葉が出てきました。そういう哲の書といってもいいのが、この『書経』なのです。

●天に代わって天の願いを実現するのが人間の役割

欧米のビジネススクールでは、リーダーシップ論、戦略論、組織論の三つを教えます。これに対して、日本に、あるいは東洋にリーダーシップ論はあるのですかとよく聞かれるのですが、東洋にも堂々たるリーダーシップ論があります。それが『書経』なのです。『書経』は儒教のリーダーシップ論の根幹を成しています。

『書経』では、リーダーとはフォロワーがいて初めて成り立つ、つまり民がいて初めて王が存在すると考えます。ですから、読みようによっては、リーダーシップ論でありながらフォロワーシップ論でもあるという、非常に長けた書です。

政治の根本概念は、「政を成すに徳を以ってす」にあります。では徳とは何かといえば、天に代わって治めることです。儒教では天人相関説を説いているように、天は人と非常に密接な関係にあるのです。

儒教のどの書物を読んでもそうですが、人間が不幸になるとか地上が乱れることを天が望んでいるとは、どこにも書かれていません。天はそもそも人間に愉快な人生を送ってほしいという思いを持っています。そのために健全な社会を営んでほしいと願っています。そんな思いや願いを抱いて、我々の地球を見ているのです。

天自らが率先して地に降りて、「こうしてくれ、ああしてくれ」と指図できればいいのですが、天には姿もないし言葉も話せません。そこで、自分に代わって地に降りて、天の願いを体現して采配を振るってくれる人間を遣わしたのです。

さらに人間の中でも、社長とか部長とか「長」という字を戴いている人々は、その色彩が強いといっていいでしょう。それゆえに、常に「自分は天に代わって仕事をしているのだ」という姿勢を持つことが求められるのです。

これが天と人との基本的な関係です。そういう意味で、儒教では「徳をふるう」ということが非常に重視されているわけです。

「徳」とは「自己の最善を他者に尽くし切る」ことです。こういうと、「そんなすごいことは私にはできません」とおっしゃる方が多いのですが、これは難しいことではなくて、「ベストを尽くせ」という意味です。「常にベストを尽くす気持ちを忘れるな」ということです。

その意味で、人間とは、天に代わってこの世に存在してきたということになります。したがって、自分も大切なのですが、同時に、天から請け負った任務というものがある。愉快な人生と健全な社会を築くことが任務であり、自分の仕事だと思って毎日を過ごすことが大事なのです。それを陰に陽に、さまざまなケースで説いているのが『書経』というものです。

●相互の信頼関係がなければ、どんな組織も成り立たない

とくにリーダーに選ばれた人は、常にそれを示す必要があります。「徳は孤ならず、必ず隣あり」という『論語』の有名な言葉があります。組織を運営するとか組織を自分の思い通りに動かすということにおいては、徳がなければ成り立ちません。だから、「徳という観点からもう一度自分の役割を見つめ直す必要があるのではないか」と、天はいっているのです。この天と人の関係、その中に含まれる徳の存在を理解していただくと『書経』の根本が読み取れると思います。

人間の組織には家庭もあれば、職場もありますし、社会もあります。すべて人間が集まって成り立っています。人間が組織をつくっているときの根幹には、一体何があるのでしょうか。それは信頼関係です。組織を構成するメンバー相互の信頼関係が根底になければ、どのような組織も成り立ちません。

これは西洋社会であろうと同じです。お互いの間に信頼関係がなければ前に進めません。リーダーはもちろん、リーダーを支えているフォロワーの人たちも思い通りにいかなくなります。だから、相互に信頼していることが重要なのです。

そして、信頼という観点から重要になるのが「仁」すなわち「思いやり」です。仁という字は人偏に二と書きます。この字は、社会が人と人との関係で成り立つためには、他人への思い

やりが重要だと説いています。これは他人への思いやりが一向に感じられないような人を信頼できるかどうかと考えてみると、よくわかる話です。

このように仁は非常に重要なものですが、仁にこだわりすぎると組織は甘くなりがちです。そのため、仁を説いた孔子の百年後ぐらいに出てくる孟子は、「仁も大切だが、もう一つ大切なものがある。それがなければ仁は成り立たない」といって「義」が重要であると主張し、仁と義を二本柱として置きました。

義とは、自分が背負った役割への責任感です。それぞれメンバーが自分の役割に対して絶対的な責任感を持たなくてはいけない。思いやりはそのうえで持て、と孟子はいったわけです。

仁と義はルーズとタイトといってもいいし、柔かさと厳しさといってもいいでしょう。この両方がなければ信頼関係は構築できないということです。ピシッとしている部分と寛容な部分がそこにはなければいけない。そして、そういうものを全部取りまとめて「徳」といっているのです。

●リーダーの第一の条件に「徳」を挙げた聖徳太子

この徳の概念が中国から日本に入ってきます。聖徳太子は冠位十二階を制定するときに、最高位の冠位を「大徳」としました。つまり、リーダーとなる官吏の条件として「徳」を挙げたのです。当時、徳は「とく」と読まずに「いきおい」と読んでいました。リーダーとなる人には勢いがなければいけないというわけです。

今のように厄介な病気や天災が続くようなとき、奈良時代までは天皇が「朕の不徳の致すところに依って」といって声明を発表していました。つまり、「自分に勢いがなかったために、災厄を防ぐことができなかった。天の意向に反しているからそういう事態が起こっている。これは自分が大いに反省するべきだ」というわけです。そしてそういうとき、天皇は、徹底的に神にお仕えすることを繰り返しました。するとそのうちに、災厄がさぁーっと消えていくのです。

このように、日本では徳の概念をリーダーの心のうちの問題として捉えました。誰にも言わないとしても、心によからぬ思いを抱くことを厳に慎むという方向に発展させました。そこが日本の徳の素晴らしさだと思います。

●徳を発揮して社会をよりよいものに変えていく

具体的な知性のあり方として、どのように徳を発揮するかということも『書経』を読んでいただくと非常にわかりやすいと思います。

象徴的なケースを一つだけ紹介すると、こちらが正しく行っていても、敵意をむき出し、こちらの大事なものを奪いに来るような負の行為を仕掛けてくる相手も現実にはいます。そういう天の意向に沿わないリーダーが現れた場合、天はリーダーの指名をやり直すと『書経』には書かれています。

たとえば、Aという人に「君がリーダーになってくれ」といっても、Aの行動が天の意向を反映しておらず、その結果、民が苦しんでいるとすると、「Aを選んだのは間違いであった」と天が自ら反省して、今度は「B君、君にお願いする」と、天命のやり直しをする。天は常に客観的に、正しい健全な社会になっているかどうかを見て、おかしなところがあれば、リーダーの指名をやり直すのです。これを「天誅（てんちゅう）」といいます。

暴虐な政治に対して見て見ぬ振りをするとか、仕方ないと諦めて我慢するのではなくて、悪を排除する。これは「正す」という意味で徳の一部であるというように『書経』では主張しています。

●『書経』には『真古文尚書』と『偽古文尚書』の二種類がある

この『書経』を漢の時代までは『尚書（しょうしょ）』と呼びました。「尚」とは「上」を表しています。そもそもは家庭の窓から竈（かまど）の煙が上がっているところを表現しているのです。つまり、豊かさ、平安無事を意味しているわけです。ですから、尚の下に土台をつけると「堂」という字になります。

ここから、『尚書』には「上代の書」という意味もあります。また、人間の手本が書かれている「上等の書」「崇高な書」という意味も含まれています。つまり、古代の記録を孔子が編集して、そこに序を書いて成立したのが『尚書』なのです。

今回『書経』を読んでいくにあたってテキストとして使用するのは『真古文尚書』というものです。この『真古文尚書』は前漢の時代（前二〇二～後八年）から伝わってきたものです。

しかし、古い文献に『尚書』に収められている文章にはこういうものがあると書かれていたものが、『真古文尚書』には含まれていませんでした。なぜかというと、前漢の前の秦（前二二一～前二〇六年）の始皇帝の時代に「焚書坑儒（ふんしょこうじゅ）」といって儒者が斬り殺され、儒学の書が燃やされる事件が起こりました。そのときに、多くの儒学書が失われてしまったのです。

しかしそのとき、「本が燃やされてしまうのは残念だ」と思い、それを隠した儒者がいました。たとえば、孔子の住んでいた家には壁の中に本を隠すスペースがあり、後年、壁の中に隠されていた儒書が発見されました。その中に古文で書かれた『書経』がありました。それを『古文尚書』といいますが、この『古文尚書』は西晋の時代（二六五～三一六年）に一度失われ、東晋時代（三一七～四二〇年）に再編集されて『偽古文尚書』としてまとめられました。『書経』に含まれている一番古い文章である「虞書（ぐしょ）」の一篇「大禹謨（たいうぼ）」は、この『偽古文尚書』に収められています。

偽古文というと、「偽物なのか？」と考える方がおられるかもしれませんが、そうではありません。散逸した『書経』が時代とともに発見され、それをまとめたものを『偽古文尚書』というのです。決して誰かが偽作したようなものではないということを最初にお断りしておきます。

ですから、『真古文尚書』と『偽古文尚書』は等分に読むことが重要です。

これから『書経』の内容について話を進めていきますが、中国古代の聖帝である堯舜（ぎょうしゅん）の時代を「虞（ぐ）」といいます。この時代の歴史を書いたものを「虞書」といいます。この堯舜の後に禹（う）という人が建国して夏王朝を開きますが、この時代の歴史を書いたものを「夏書」といいます。そして夏王朝の後に湯という人が殷（商）王朝を開きます。この時代のものを「商書」といいます。

さらにその後、周王朝の歴史を書いた「周書」ができます。周は文王が開き、武王の時代に殷を倒して王朝を建てます。この周の王様の時代が『周書』に書かれています。つまり、「虞書」「夏書」「商書」「周書」という名称は、時代区分に従っているのです。『書経』には、古代の虞・夏・商（殷）・周という四つの時代の歴史が書かれているということです。これが『書経』の全体像です。

四つの時代の歴史を書いた厖大な書ですから、五回の講義ですべて読むことは到底できません。したがって、今日の政治や経営といった組織の運営を行ううえで重要と思われる箇所を抜粋して読んでいくことにしたいと思います。

『書経』は非常に格式が高い文章で書かれています。まさに名文の羅列で、名文ばかりでできているといってもいいほどです。これを何回も読んでいただくと文章が格段にうまくなりますし、挨拶なども非常に理路整然と話せるようになります。そういう意味で、文章修行というような観点からも繰り返し読んでいただくことをお勧めしたいと思います。

それでは早速、『真古文尚書』の「堯典　第一節　堯頌」というところから読んでいくことにしましょう。

堯典

第一節 堯頌

曰若古の帝堯を稽ふるに曰く、「放勲は欽明、文思は安安にして、允に恭しく克く譲り、四表を光被し、上下に格る。克く俊徳を明（＝勉）め、以て九族を親しみ、九族既に睦みて、百姓を平（＝弁）章し、百姓昭明にして、万邦を協和し、黎民於いに変り（＝蕃）時れ雍ぐ」と。

●優れたリーダーには体から滲み出るオーラがある

《曰若古の帝堯を稽ふるに曰く》

冒頭の「曰若」というのは、「昔語りの神職」のことだと考えていいと思います。そういう人が昔の堯帝について考えて語ったということです。漢文を見ると、この部分は「曰若稽古」と書いてあります。つまり、ここは「稽古」という言葉の出典となっています。「稽古」というのは「古を考える」ことなのです。

たとえば、お花のお稽古とは、「昔の花の宗匠がどうしてこういうふうにしたのか」を考えることですし、柔道の稽古といえば、「姿三四郎がどうしてこういうふうにしたのか」を考えるということです。このように「昔の達人の業績を偲ぶ」というのが、「稽古」という言葉の語源なのです。

歴史は繰り返すともいいますから、「古を考えてみる」ことは非常に重要かつ意義あることなのです。

《放勲（ほうくん）は欽明（きんめい）、文思（ぶんし）は安安（あんあん）》

そういうことで堯帝について考えてみると、「放勲は欽明、文思は安安」であるといっています。漢文では「放勲欽明、文思安安」ですが、この八文字は東洋のリーダーシップ論の根幹を成しています。ぜひ覚えておきたい言葉です。一つずつ解説してみましょう。

まず「放勲」の「勲」は、一字で「武勲」を表しています。漢文というのは、隠された文字（ここでいえば「武」）を想起できるようになっています。隠された文字まで書き出してしまうと決まった字数が埋まってしまうため、想起させて字数を稼ぐということがよく行われます。とくにこの時代は非常に漢文が発達するときですから、そういう工夫が著しく巧妙に行われました。ここも「放勲」で「武勲を放つ」という意味を表しています。

そして、それは「欽明」である、と。日本にも欽明天皇という方がおられましたが、「欽明」とは「誰の目にも明らか」という意味です。ゆえに「放勲欽明」は「武勲を放ったことは誰の目にも明らかである」となります。

ここで注目しなければいけないのは「放つ」という言葉です。業績を上げてきた人からは何か独特のオーラが放たれてくるものです。そういうものがリーダーには一番重要なのです。「私が若い頃やった仕事だ」「あれは私がやったものだ」というようなことを口にしなくても、そうした自信が体から滲み出てくるというのが本物のリーダーなのです。「放勲欽明」という言葉は、それを表しています。

その人が存在しているだけで場が落ち着くとか、物事がいい方向へ進んでいくということは多々あります。私が最初に出会った高名な経営者は土光敏夫さんでしたが、土光さんはまさに「放勲欽明」なリーダーでした。行き詰まった会議の席に出てきて「おい、どうしたい?」とひと声かけると、会議がどんどん解決へ向かって進んでいくということが何回もありました。

優れたリーダーとは、自信、業績、経験といったものがオーラとなって、体から滲み出てくる。それがあって初めて真のリーダーと呼べるのです。西郷南洲を想起すればわかると思います。存在自体が説得力を持っていることが重要なのです。これが東洋のリーダーシップの根幹です。西洋のリーダーのように白馬に跨って自分が戦いの先陣を切って「さあ、ついて来い」というのではなくて、部下に安心感を与え、皆の問題解決能力を引き出していく。それが東洋のリーダーであり、それをよく表現したのが「放勲欽明」という言葉です。

また「文思安安」の「文」とは「綾」、「思」は「思いやり」を意味しています。したがって「文思」とは、「心の綾を読んだ思いやり」という意味になります。戦後の企業では、トップは業績を上げればいいという風潮があります。もちろん、業績を上げることは大切ですが、それだけでは五十点といいたいのです。もう五十点は何かというと、それが「文思安安」を持っていることです。

「文思」というのは、通り一遍でいつも同じような思いやりではなく、相手によって「今はこうしてあげるのがいいのではないか」と考えるようなキメの細かい思いやりです。そういうものが「安安」安定的に発揮されるのが優れたリーダーなのです。

「放勲欽明」は「誰にも負けない腕っぷしの強さ」を持っているということですが、「文思安安」は「誰にも負けない優しさ」を持っているということです。優れたリーダーというものは、誰にも負けない腕っぷしの強さと思いやりが渾然一体となっていなくてはいけない。これが東洋のリーダーシップの基本です。そういう人がデンと座っているだけで、不思議と物事が良い方向へ動き出す。私はこれを「存在が説得力」といっています。これこそが真の東洋的リーダーなのです。

この「放勲欽明、文思安安」を現代的に読むとすれば、「放勲欽明」は組織に降りかかる問題をすべてきれいに解決してメンバーに安心感を与えるリーダー、「文思安安」は自社の可能性を切り開いてメンバーに夢と希望を与えるリーダーといってもいいかもしれません。

以上のように、「放勲は欽明、文思は安安」からは、語れば切りがないぐらいにいろいろなことが想起されるのです。そこが表音文字ではなく表意文字である漢字のすごいところで、漢字が非常に豊かな言語であることを表しています。

《允(まこと)に恭(うやうや)しく克(よ)く譲(ゆず)り、四表(しひょう)を光被(こうひ)し、上下(じょうげ)に格(いた)る》

そういうリーダーが「允に恭しく克く譲り」、つまり「あなたからどうぞ」と相手に譲る。周りの人たちが「リーダーからお先に」といっても、それに甘えることなく、「いや、あなたからお先にどうぞ」といえる心の余裕を持っているというのが「恭しく克く譲り」です。これを「謙譲の美徳」といいます。これもリーダーの条件の一つです。

次の「四表を光被し、上下に格る」とは、「時間と空間の全体を光で覆う」という意味です。つまり、「リーダーは明るくなければいけない。世の中を照らすのがリーダーの役目で、その光は上から下まですべてに行き渡る」といっているのです。そういう立派なリーダーを戴いてよかったと自分でも思い、隣の同僚にも「よかったね」といえるような組織であることが重要なのです。

●リーダーの思いやりが部下を心服させる

ここまではリーダーの個人の資質の問題について述べています。西洋のリーダーシップ論であればここで終わってしまうところですが、東洋ではそのリーダーシップをどう振るうか、その結果、組織がどのようになるかというところを重視します。それについて述べたのが次のところです。

《克（よ）く俊徳（しゅんとく）を明（つと）（＝勉）め》

「俊徳」とは「高い徳」ですから、「俊徳を明め」とは、思いやりを持って「こうやってあげたらいいかな、こうしたらいいかな」といつも思っているということをいっています。

私は先般惜しくも亡くなられた野球の野村克也監督、その前に亡くなられた星野仙一監督と交流がありました。私が「どうして優勝できたんですか？」と伺ったところ、全く同じ答えが返ってきたのでびっくりしたことがありました。お二人は「うん、まあ選手に思いやりを持つっていうことかなあ」といわれたのです。「その思いやりをどういうふうに表現しているのですか？」と聞くと、これもまた全く同じ答えで、「咄嗟のひとことが決め手なんだ」とおっしゃいました。

一例を挙げると、ロッカールームに出入りする選手とすれちがった瞬間、「おい、お母さんどうや」と聞く。すると選手は「うちの母親が入院していることを知っていて、心配してくれたんだな」と感激してしまうというのです。ベラベラ話すのではなく、「おい、お母さんどうや」とひとことだけ声をかける。これが大切だというわけです。

これは松下幸之助さんも同じでした。朝出社すると、机の上に「〇〇部長のお子さん、中学合格」というようなメモが置いてあります。すると、松下さんは社内電話を取って部長に電話をかけて、「お子さん、おめでとうさん、よかったなあ」と、それだけ伝えて電話を切る。そのひとことが、その人の意欲とかやる気を引き出し、「このリーダーについていこう」という気持ちにさせるのです。この「俊徳」という言葉は、まさにそういうことを表しています。

《以て九族を親しみ、九族既に睦みて》

「九族」とは、自分を真ん中にして上四族下四族の親族を表しています。当時は親族社会でした。この親族は、今なら側近ということになるでしょう。「九族を親しみ」とは、自分と側近とが親愛関係、つまり相互信頼関係にあることです。気遣い合う仲ですから、側近との関係が非常にうまくいっている。しかし、それだけでは駄目なのです。

次の「九族既に睦みて」とは、側近の間も一枚岩になっている、ということです。「いいリーダーに恵まれてよかったね。私たちもこういう名リーダーにお仕えできてよかったね」と、側近がお互いに「よかったね、よかったね」と言い合っている。苦難に遭った家族が落ち着き場所を得て、皆で「よかったね、よかったね」と言い合うような感じです。側近の間がそうなっているのが「九族既に睦みて」です。

組織はしばしば三角形で描かれます。三角形の一番上にリーダーがいて、側近がその下に位置します。この三角形がうまくいっていると、組織全体もうまくいくようになっています。しかし、逆もまたしかりで、上の三角がうまくいっていなければ、いくら社員が優秀だとしても、なかなかうまく治まらないのが組織というものです。

したがって、リーダーの役割は組織をうまく運営していくことが第一で、そのために、自分も含めた三角をしっかりさせなくてはいけない。それをここで「俊徳を明め、以て九族を親しみ、九族既に睦みて」と表しているわけです。

《百姓昭明（ひゃくしょうしょうめい）にして、万邦（ばんぽう）を協和（きょうわ）し、黎民於（れいみんおお）いに変（しげ）り（＝蕃）時（こ）れ雍（やわら）ぐ》

「百姓」は百の姓ですから「民」のことを表します。会社でいえば、一般社員です。トップと側近の三角形がしっかりしていると、民も皆がうまくいく。

実は、社会や組織が混乱する要因は一つしかないのです。儒家思想の組織論では、それは「身分不相応な生活を望むこと」です。皆が身分不相応な生活を望み出すと、収拾がつかなくなるわけです。つまり、実力も認められていないのに「もっといい生活がしたい」と、身分不相応な生活を望み、身分相応に楽しむことを知らない民や社員になってしまうわけです。

しかも、自分の収入では買えないものを要求しだすと、どうしても「あわよくば」ばかりを願って、博打的人生を追うようになりがちです。それでも望むものが得られなければ、犯罪に走る人もいます。そういう人が増えると、犯罪が多発する社会になってしまいます。

この「百姓昭明」というのは、国民が皆、身分相応を心得て、身分相応に楽しむということです。

私は東京の杉並区で、教師養成学校の責任者をずっと務めてきました。あるとき、そこにフランスの学校の校長先生が見学にやって来ました。いろいろ話をしました。そこでフランスの先生から聞いた非常に感心した話があります。

その先生は、新人の教師だったとき、同じ新人教師ばかりが住んでいる地域に住んでいたそうです。その地域には、それなりに楽しめるカフェとか、いいものを安く売るストアとかがあって、皆で楽しんで生きていたといいます。自分が教頭になったとき、隣の人に「今度、私、教頭になりました」とあいさつに行くと、その人は「ああ、それじゃあ、もうお別れね」といいました。どういうことかというと、教頭クラスの人たちが住んでいる地域が別にあって、教頭になると、そこに引っ越さなくてはいけないというわけです。つまり、自分の社会的なポジションによって、それなりに楽しめる町がそれぞれできているということなのです。校長になったときも同じで、「今度、校長になりました」というと、また皆から「ああ、お別れね」といわれる。今度は校長クラスの人たちが住んでいる地域に引っ越していくわけです。

このように身分相応に楽しめる社会が形成されているというのは大変良いことだと思います。日本でも、かつてはそういう地域がありました。目標にすべき地域があって、「そういう地域に住めるように努力しよう」という意識が、昔はあったように思います。自分が努力してポジションが上がれば上のクラスの暮らしを楽しめる。そういう意識がモチベーションにもつながっていたようにも思います。

それを「百姓を平章し、百姓昭明にして」というわけです。民は公平であると明らかにわかっているから、皆、自分の身分相応に楽しんでいる。そうすると、社会全体の大きな三角形がピタっと収まることになるのです。

次の「万邦を協和し」の「万邦」とは周りの諸国です。「協和し」ですから、周りの諸国は攻めていって領土を取ってやろうという気にはならない。トップと側近と民が一枚岩になっている国は皆でかかってくるから怖い。だから、周辺国も協和を申し込んでくるというわけです。要するに国内外に問題が全くなくなるのです。だから、「黎民於いに変り時れ雍ぐ」多くの民は多いに栄えてやわらぐ、というわけです。

そのポイントはリーダーの「放勲欽明、文思安安」というあり方にあることを、ここでは説いています。

これだけの少ない文字数で、リーダーシップ論の根幹、組織論の根幹を詳細に語っています。これは漢字だからこそできる主張です。深読みすれば、一行で一時間ぐらい語れるぐらいの内容が込められています。幕末の儒学者・横井小楠（しょうなん）は、『書経』の深読みによって西洋社会を理解しようとしました。西洋社会も日本社会も人間社会には違いがない。その人間社会を知るためには『書経』を深く読むことが重要だとして、一文字一文字を徹底的に重視して『書経』の読み直しを行いました。私も去年、致知出版社から横井小楠の本を出すにあたり、『書経』の「大禹謨（だいうぼ）」ぐらいまで横井小楠に倣って深読みをしてみましたが、とても勉強になりました。

さて、ここまで読んできた第一節では、トップと組織の関係、トップと側近との関係といった「トップの心構え」と「目指すべきあり方」が示されていました。それを踏まえて、引き続き第二節を読んでいくことにしましょう。

第二節　堯、四岳を任命し、また暦を作る

乃ち義和に、欽んで昊天に若つて、日月星辰を歴象し、敬んで民の時を授へんことを命ず。分けて義仲に嵎夷に宅（＝居）るを命じて曰く、「暘谷に、出日を寅賓し、東作を平秩せよ。日は中にして星を鳥にて、以て仲春を殷せ。厥の民は析れ、鳥獣は孳尾せん」と。申ねて義叔に南交に宅るを命じて〔曰く〕、「南訛を平秩せよ。日は永く星は火にて、以て仲夏を正せ。厥の民は因し、鳥獣は希革せん」と。分けて和仲に西に宅るを命じて曰く、「昧谷に、納日を寅餞し、西成を平秩せよ。宵は中にして星は虚にて、以て仲秋を殷せ。厥の民は夷り、鳥獣は毛毨せん」と。申ねて和叔に朔方に宅るを命じて曰く、「朔易を平在せよ。日は短く星は昴にて、以て仲冬を正せ。厥の民は隩し、鳥獣は氄毛せん」と。帝曰く、「咨、汝義曁び和、朞は三百有六旬有六日にし、閏月を以て、四時を定めて、歳を成せ」と。

●組織の円滑な運営には年間計画を定めることが欠かせない

ここでは堯が帝に就任してまず何を行ったかが語られています。トップに就任した人間が最初にするべきことは何かということです。

では、堯は何を行ったでしょうか。それは暦を作るということでした。これは、組織の全員が同じスケジュールに則って、同じ方向を向いて仕事ができるようにする指針を示したということです。言い換えれば、他人が現在どんな仕事をしているかが明確にわかる状態にして、目標実現に向けて全員で一斉に進めていくのが組織の要諦だということです。隣の部署が何をしているのかわからないようでは駄目だといっているのです。

とくに農耕作業などは四季の変化に則って「今日は何をする」と決める必要があります。それを国中で「今、みんな同じことをやっている」とわかると、協同作業ができるようになります。そうやって、皆の心を一致させると、組織全体で一つの目標を求められるというようになるわけです。

では、少しずつ読んでみることにしましょう。

《乃(すなわ)ち羲和(ぎか)に、欽(つつし)んで昊天(こうてん)に若(したが)つて、日月星辰(じつげつせいしん)を歴象(れきしょう)し、敬(つつし)んで民(たみ)の時(とき)を授(かぞ)へんことを命(めい)ず。》

羲と和という四人の人々に、「昊天に若つて」天の運行にしたがって「日月星辰を歴象し」日と月と星と北斗七星の動きをはかって、「敬んで民の時を授へんことを命ず」暦を作ることを命じた。「民の時」とは「暦」のことです。

《分けて羲仲に嵎夷に宅（＝居）るを命じて曰く、「暘谷に、出日を寅賓し、東作を平秩せよ。日は中にして星を鳥にて、以て仲春を殷せ。厥の民は析れ、鳥獣は孳尾せん」と。》

「分けて羲仲に」まず四人の一人の羲仲という人に、「嵎夷に宅るを命じて曰く」東方にいることを命じていいました。「暘谷」日の出の谷にいて「出日」日が出るところを「寅賓」よく観察、調査しなさい。「東作を平秩せよ」春の作業を順序立てなさい。つまり、春はまず田植えから始まって……といったことをちゃんと順序立てていきなさい、と命じたわけです。

「日は中にして星を鳥にて」昼と夜が半分半分になって、朱雀という星座が出たとき、「以て仲春を殷せ」その日を仲春にしなさい、と。仲春とは春分の日のことです。だから、まず春分を設定して、そこを起点にどういう作業をやるかを決めなさいといっているわけです。

「厥の民は析れ」それぞれ民は田んぼや畑に分かれて、「鳥獣は孳尾せん」鳥獣は交尾させて数を増やす。当時は鳥獣が唯一のタンパク源でしたから意図的に交尾させて数を増やすということをやっていました。

《申ねて羲叔に南交に宅るを命じて〔曰く〕、「南訛を平秩せよ。日は永く星は火にて、以て仲夏を正せ。厥の民は因し、鳥獣は希革せん」と。》

「申ねて羲叔」次の羲叔という人に「南交に宅るを命じて〔曰く〕」南にいることを命じてい

いました。「南訛を平秩せよ」夏の耕作を順番立てなさい。「日は永く星は火にて」夏は昼のほうが長く、大火という星座が出たときを「以て仲夏を正せ」夏至にしなさい。

「厥の民は因し」、この「因し」には江戸時代からいろいろな読み方がありますが、仕事に励む原因をちゃんとつくれ、ということです。つまり、豊年になるためにはちゃんと種を蒔き、ちゃんと田植えをし、しっかり稲を育てなければいけない。豊作になるような原因をちゃんとつくりなさい、という意味です。

「鳥獣は希革せん」鳥獣はこれから毛が生え替わる、と。

《分けて和仲に西に宅るを命じて曰く、「昧谷に、納日を寅餞し、西成を平秩せよ。宵は中にして星は虚にて、以て仲秋を殷せ。厥の民は夷り、鳥獣は毛毨せん」と。》

「分けて和仲に西に宅るを命じて曰く」今度は和仲という人に西にいることを命じていいました。「昧谷に、納日を寅餞し」日没をしっかり見て観察しなさい。そして「西成を平秩せよ」秋の収穫の計画を順序立てなさい。

「宵は中にして星は虚にて」宵の半ばに玄武という星座が出たときを「仲秋を殷せ」秋分の日としなさい、と。

「厥の民は夷り」民は秋の収穫をして、「鳥獣は毛毨せん」冬に備えての鳥獣の毛をしっかり生え揃える、と。

《申ねて和叔に朔方に宅るを命じて曰く、「朔易を平在せよ。日は短く星は昴にて、以て仲冬を正せ。厥の民は隩し、鳥獣は氄毛せん」と。》

「申ねて和叔に」今度は和叔という人に「朔方に宅るを命じて曰く」北にいることを命じていいました。「朔易」冬の作業、つまり収穫物を収める作業を「平在せよ」しっかり計画しなさい。

「日は短く星は昴にて」冬の日は短く、「昴」白虎という星座が出たときを「仲冬を正せ」冬至としなさい。「厥の民は隩し」民は室内で団欒し、「鳥獣は氄毛せん」鳥獣は寒さを凌いでいる、と。

《帝曰く、「咨、汝羲曁び和、朞は三百有六旬有六日にし、閏月を以て、四時を定めて、歳を成せ」と。》

堯帝がいわれた。「咨、汝羲曁び和」お前たちよ、「朞は」一年は「三百有六旬有六日」三百六十六日にして、「閏月を以て」閏月を設けなさい。それで「四時を定めて」春夏秋冬を定めて、「歳を成せ」一年をしっかり計画しなさい、と。

経営者は年度経営計画をしっかり定めて、全社員が同じ認識を持って共同作業をするようにします。それと同じように、年間の計画を立てることが重要なのだということをいっているわけです。これが第二節の話です。

第三節　堯が鯀を登庸す

允に百工を釐むれば、庶績は咸熙らん。帝曰く、「疇か咨、時の登庸に若はん」と。放斉曰く、「胤子の朱啓明」と。帝曰く、「吁、嚚訟なり。可ならん乎」と。帝曰く、「疇か咨、予の采に若はん」と。驩兜曰く、「都、共工は、方鳩僝功なり」と。帝曰く、「吁、静言なれども庸は違ひ、象は恭なれども天を滔ふ」と。帝曰く、「咨、四岳。湯湯たる洪水は、方く割す。蕩蕩として山を懐み陵に襄り、浩浩として天を滔し、下民は其れ咨ふ。有か能く俾乂する」と。僉曰く、「於、鯀なる哉」と。帝曰く、「吁、咈へる哉。命に方（＝負）き族を圮る」と。岳曰く、「异なる哉。可を試みるを乃ち已むるは」と。帝曰く、「往いに欽まん哉」と。九載、績用成らず。

●後継者を探すのもリーダーの重要な仕事

今度は早くも後継者をどうするかという話になります。リーダーの役割をまず語り、次に後継にはどういう人がふさわしいかという話をするわけです。これは意外と見落とされがちなのですが、トップに就任した瞬間に負うべき最重要の経営課題こそが「後継者問題」なのです。自分の後継者をどうするか。育てるのならば、どうやって育てるか。どこかから連れてくるのなら、どこからどういう人を連れてくるかを決定する必要があります。そうした相談を堯が側近たちにするのが第三節です。

《允に百工を釐むれば、庶績は咸熙らん。帝曰く、「疇か咨、時の登庸に若はん」と。放斉曰く、「胤子の朱啓明」と。帝曰く、「吁、嚚訟なり。可ならん乎」と。》

組織はいろんな役割を背負っている人たちから成り立っています。そういう「百工」百の仕事、役職といったものが全部うまく収まって、皆が責任感を持って自分の役割を果たしていくというふうになれば、「庶績」業績はどんどん向上するわけです。

そこで堯帝は「疇か咨、時の登庸に若はん」といいます。「自分の下で誰か総理大臣をやってくれ。できれば後継ぎも絡んで考えてくれ」というのです。

すると放斉という人が「胤子の朱啓明はどうでしょうか」といいました。「胤子」とは「ご子息」という意味です。「帝の子息の朱啓明さんはどうですか?」と実名を挙げたわけです。

ここで我々は、堯という人の苗字が「朱」なのだとわかります。

それに対して父親である堯帝は「吁、嚚訟なり」といいました。「嚚」というのは、「口やかましい」という意味です。「訟」というのは「他人と争ってばかりいる」ということ。つまり、「ご子息はどうでしょうか?」と聞かれた堯帝は「ああ、しかし彼はやたらと口やかましく、他人と争ってばかりいる人間だからなあ」と答えたわけです。だから「可ならん乎」まあどうかねえ、と。あまり乗り気ではないということです。

ここから我々は何を読み取ればいいかというと、トップになる人の資質を具体的に挙げてくれていると読むべきなのです。要するに、やたらと口やかましくて他人と争ってばかりいる人はなかなかトップリーダー候補にはなりにくい、ということです。

《帝曰く、「疇か咨、予の采に若はん」と。驩兜曰く、「都、共工は、方鳩僝功なり」と。帝曰く、「吁、静言なれども庸は違ひ、象は恭なれども天を滔ふ」と。》

堯帝はいいました。「疇か咨、余の采に若はん」誰か自分の仕事を継いでくれる人はいないかね、と。それに対して驩兜が「都、共工は、方鳩僝功なり」と。「ああ、それなら共工という人は法に従って非常に慎重に事を運ぶ人間です」といいました。「方鳩僝功」とは「方鳩」法に従って「僝功」非常に慎重に事を運ぶということです。

堯帝はいいました。「ああ、彼はいいのだけれど、日常の彼を見ていると、口にしていることと行動が随分違っているんだよ」と。「静言」は「言うことはいい」ということで、「庸は違ひ」は「庸」日常の行動が言っていることと随分違う、ということです。要するに、「言行不一致な人間はトップとしてどうかね」と疑問を呈しているわけです。

堯帝はさらにいいました。「象は恭なれども天を滔ふ」態度は非常に恭しく礼儀正しいけれど、「天を滔ふ」天を疑っているのはどうかな、と。先に申し上げたように、天に代わって存在しているのがリーダーですから、天を疑っているようではリーダーにはふさわしくない、ということなのです。

《帝曰く、「咨、四岳。湯湯たる洪水は、方く割す。蕩蕩として山を懐み陵に襄り、浩浩として天を滔し、下民は其れ咨ふ。有か能く俾乂する」と。》

堯帝がいいました。「咨、四岳。湯湯たる洪水は、方く割す」と。古代国家の最大の問題は洪水でした。黄河の流域に栄えましたから、その恩恵に浴していた反面、洪水が起こると毎回大きな被害が出ていました。『春秋』などの文章を読んでみても、それはとても深刻な悩みであったことがわかります。祖父、父親、自分、三代かけて肥沃な土地を作り上げたのに、洪水の引き波が肥沃な土を一日にして持っていってしまう。そうするとまた、三代苦労しなければならないのです。だから「洪水の被害は三代に及ぶ」といわれていました。

そのため、中国では神話というものが早い時期になくなりました。洪水を目の前にして神話を語っている場合ではないということです。そのため、語られることが非常にリアルになるのです。中国人の現実主義の発端といわれています。治山治水に長けたリーダーが出てこないと自分たちの最大の悩みは解決されない。それゆえ中国は、リーダーに対する飽くなき期待が最も古い段階で芽生えた社会だといえます。その点で、リーダーシップ論の根本には人間に対する飽くなき期待が非常に強く反映されていると見てもいいのです。

「湯湯たる洪水は、方く割す。蕩蕩として山を懐み陵に襄り、浩浩として天を滔し」というのは、そういう洪水の被害の甚大であることを語っています。だから堯帝は「下民は其れ咨ふ。有か能く俾乂する」といいます。「洪水の被害に皆が泣いている。誰かよくこの害を治めてくれる人はいないか」といっているわけです。

《僉曰く、「於、鯀なる哉」と。帝曰く、「吁、咈へる哉。命に方（＝負）き族を圮る」と。岳曰く、「异なる哉。可を試みるを乃ち已むるは」と。帝曰く、「往いに欽まん哉」と。九載、績用成らず。》

皆は、「於、鯀なる哉」それは鯀がよろしいでしょう、といいました。鯀という人を推薦するわけです。

ところが帝は「吁、咈へる哉」それは違うんじゃないか、と。どうしてかというと、「命に方き族を圮る」彼は天命というものがよくわかっていないし、さらに一族さえ治めることができない。「彼が最適とは思えないけどね」と、ここでも拒否します。拒否しながら、どういう基準でリーダーを選ぶべきかということを教えているのです。

今度は四岳、つまり側近がいいました。「异なる哉。可を試みるを乃ち已むるは」と。つまり、王様は先ほどから否定ばかりしておられますけれど、「可」可能性というものを試みてみたらいかがでしょうか、と。

それを聞いた帝は「そうだな」と納得して、鯀に「往いに欽まん哉」それでは君がやってくれ、といいます。その結果、鯀が洪水を担当することになったのですが、「九載、績用成らず」九年たっても洪水は治められなかった、と。失敗に終わってしまったのです。

実はこれには後日談があります。この鯀の息子は禹という人ですが、この禹が父親の無念を晴らすべく、治水事業に取り組みます。禹は父親の仕事がうまくいかなかった原因を研究して、見事に洪水を治めるのです。

失敗の研究というのは、日本では嫌われてあまりされませんが、この頃から中国では失敗の研究が非常に重要なことだとされていたのです。この禹の仕事については、あとで詳しく読んでいくことにします。

第四節　堯、禅譲せんとす

帝曰く、「咨、四岳。朕は位に在る七十載なり。汝能く命を庸ひたり。朕の位を巽（＝践）め」と。岳曰く、「否徳帝位を忝めん」と。曰く、「明明側陋より揚げよ」と。

●広く知られていない人材でも抜擢し、登用する

《**帝曰く、「咨、四岳。朕は位に在る七十載なり。汝能く命を庸ひたり。朕の位を巽（＝践）め」と。**》

堯帝がいいました。「ああ、四岳よ。私は七十年帝位にあった。あなたはよく命令に従ってくれた。そこで、どうだろうか、側近であるあなたたちに後を継ぐ人間を選んでもらいたいのだ」と。「位を巽め」とは、自分の後継ぎを選んでほしいということをいっているのです。

《**岳曰く、「否徳帝位を忝めん」と。曰く、「明明側陋より揚げよ」と。**》

それに対して側近たちはいいました。「とんでもございません。私たちの徳はとても低いの

で、私たちが次の帝を選ぶなどということをすれば、帝という位を辱めてしまいます」と。そこで帝は「明明側陋より揚げよ」というのですが、これは名文句です。「世に隠れている人材を抜擢し、登用せよ」という意味で、これ以降、皆、そういう人物を探し出すことに懸命になるのです。そうした中から次のリーダーの舜が登場することになりました。

第五節　堯、舜を登庸す

師、帝に錫りて曰く、「鰥の下に在る有り、虞舜と曰ふ」と。帝曰く、「兪り。予も聞く。如何」と。岳曰く、「瞽の子なり。父は頑に、母は嚚に、象は傲なれども、克く諧し、孝を以て烝烝、乂めて格姦せず」と。帝曰く、「我は其れ試みん哉」と。

●リーダーは有望な人材の獲得に熱心でなければならない

《師、帝に錫りて曰く、「鰥の下に在る有り、虞舜と曰ふ」と。帝曰く、「兪り。予も聞く。如何」と。》

世に隠れた人物を探して「師、帝に錫りて曰く」いろいろな人が堯帝に「こういう人がいいのではないでしょうか」「家の隣にこういう立派な人がいます」と奉ってきました。その中から、多くの人が「この人がいいのでは」と勧める人が一人出てきました。その人は「鰥の下に在る有り、虞舜と曰ふ」。「鰥」は「やもめ」のこと。「独り者で低い身分の者ですが、虞舜と呼ばれている人間がいます」と。「この虞舜が後継ぎとしては一番ふさわしいと思います」と、皆がいったわけです。

それに対して堯帝は「兪り。予も聞く」といいました。「ああ、その者については私も聞いているよ」といったわけです。これはすごいことです。すでに堯帝は「これぞ」という人間に目をつけていたわけです。ここからは堯帝が人材登用に非常に熱心だったことが伝わってきます。

我々が読み取らなければいけないのは、「組織は人間によって決まる」ということです。それゆえ、有望な人間、優秀な人間をいかに自社に迎え入れるかということに、もっと熱心であるべきだということです。

《岳曰く、「瞽の子なり。父は頑に、母は嚚に、象は傲なれども、克く諧し、孝を以て烝烝、乂めて格姦せず」と。帝曰く、「我は其れ試みん哉」と。》

側近たちは虞舜がどういう人間なのかということを堯帝に申し上げます。「瞽」というのは目が不自由な楽師です。そういう家に生まれた子で「父は頑固者で、母は口汚く、弟の象は傲慢で知られています」と。

しかし、「克く諧し」よく家族を和らげて、「孝を以て烝烝」両親に対して孝行を尽くし、「乂めて格姦せず」傲慢な弟を抑えて自分に逆らうようにはさせていない。あんなに難しい家庭をうまく和らげて運営しているのは見上げたものだというわけです。

当時は家庭と社会は非常に密接な関係にありました。家庭をうまくまとめることができれば、社会に出ても力を発揮できるだろうと考えられていました。家庭は社会のトレーニング場というのが儒家の教育論の基本になっていたのです。この伝統が中国にはずっとあって、それが日本にも伝わってきました。

家庭教育によって、親孝行と兄姉を立て弟妹を大切にする孝悌をしっかりトレーニングしてきた人間ならば、社会に出ても目上の人にうまく仕えるし、下を使うのもうまい。そういう典型例が虞舜という人であったのです。

堯帝は「我は其れ試みん哉」といいました。「わかった。ちょっと試用期間を設けて、その虞舜とやらを使ってみるか」というわけです。さあ、どうなったでしょうか。

第六節　堯、舜を試煉す

時に于て、厥の二女に刑するを観んとして、二女を嬀汭に釐降して、虞に嬪す。帝曰く、「欽める哉」と。慎んで五典を徽（＝治）めしめ、五典克く従へり。百揆に納れて、百揆時れ叙せり。四門に賓せしめて、四門穆穆たり。大麓に納れて、烈風雷雨に迷はざりき。帝曰く、「格れ、汝舜。事を詢り言を考ふるに、乃の言の底に可く績する三載なり。汝帝位に陟れ」と。舜、徳に譲りて嗣がず。

●後継者候補のリーダーとしての資質を試す

《時に于て、厥の二女に刑するを観んとして、二女を嬀汭に釐降して、虞に嬪す。帝曰く、「欽める哉」と。慎んで五典を徽（＝治）めしめ、五典克く従へり。》

ここにおいて「二女」、これは「二人の娘」という意味と「二番目の娘」という意味がありますが、『春秋』などには二人の実名が挙がっていますから、「二人の娘」という意味にとっていいと思います。

堯帝の二人の娘を舜に嫁がせて「刑するを観ん」の「刑する」は「模範となる」ですから、

舜がどのように模範となるのかを見ようとした。二人の娘を「嬀汭に釐降して」嬀という川の入り江に降嫁して、「虞に嬪す」虞舜のお嫁さんとして輿入れして様子を見てみようとした。相手を試してみるときに、自分の娘さんを嫁して、どのように対処するかを見ようというわけです。

そうしたらどうなったか。堯帝は言いました。「欽める哉」あの厄介な二人の娘がなんとしっかりとしてきた。「慎んで五典を徽めしめ、五典克く従へり」しっかり五典を修め、五典によく従うようになった。

この「五典」は、儒教の根幹となるもので、「人として守るべき五つの道」を指します。その五つとは何かというと、伝統的には二つの解釈がいわれています。一つは「父は義、母は慈、兄は友、弟は恭、子は孝」の五つ、もう一つは「父子親あり、君臣義あり、夫婦別あり、長幼序あり、朋友信あり」の五つです。

これは人間として、しっかり持っていなければいけない資質です。舜に娘を嫁がせたところ、そうした五典をしっかり身につけた立派な人間になったというのです。

《百揆に納れて、百揆時れ叙せり。四門に賓せしめて、四門穆穆たり。大麓に納れて、烈風雷雨に迷はざりき。》

堯帝は舜に娘を嫁がせてどうなるかを見ようとしたわけですが、首尾は上々でした。そこで、次の試験として「百揆に納れて」舜を百揆に入れてみてどうなるかを見ようとしました。「百揆」とは百官を統べるということ。つまり、役所に入れて、いろいろな役職者を使いこなせるかどうかを見てみようとしたわけです。するとどうなったかというと、「百揆時れ叙せり」百官が皆、舜に従った。官吏を使うこともできたのです。

次の「四門」とは朝廷の東西南北にある四つの門のことで、ここでは外交を象徴しています。内政はうまくいったので、今度は外交はどうか試してみようというのです。「四門に賓せしめて」四門から入ってくる外国の要人と丁々発止のやりとりができるかどうかを見たわけです。すると「四門穆穆たり」非常に礼が整っていて、要人たちが皆、感心して帰った、と。舜は外交もうまくこなしたわけです。

そして最後のテストとして「大麓に納れて、烈風雷雨に迷はざりき」。山奥に入れて激しい風や雷雨に心が乱されないかどうかを試しました。つまり、自然の中に置いて、どのぐらいの不動心を持っているかを試したのです。すると、全く動じなかった。リーダーにとって動じないということは重要なことです。

《帝曰く、「格れ、汝舜。事を詢り言を考ふるに、乃の言の底に可く績する三載なり。汝帝

位に陟れ」と。舜、徳に譲りて嗣がず。》

このようにして、堯帝は舜を試験して、舜はそれをすべて合格しました。そこで帝がいいました。「格れ、汝舜。事を詢り言を考ふるに」舜よ、君の行ったことを検討し、その発言を考えてみた。「乃の言の厎に可く績する三載なり」三年間試してみたが、なかなかの良い成績であった。「汝帝位に陟れ」君こそ次に帝位を継ぐべき人間だ。

堯帝は舜に「ぜひ私の帝位を継いでくれ」と依頼したわけです。ところが、舜は「徳に譲りて嗣がず」と。「私にはそれだけの徳がございません。せっかくのご依頼ですが、ご辞退申し上げます」と断るのです。

しかし、最終的には舜が「禅譲」、つまり譲り受けることになります。これが「禅譲」という言葉の出典になります。その話が次の第七節に出てきます。「堯典」は第六節で終わり、次から「舜典」へと話が移っていきます。

舜典

第七節　舜、禅を受く

正月上日、終を文祖に受けて、璿璣玉衡を在て、以て七政を斉ふ。肆に上帝に類し、六宗に禋し、山川に望し、羣神に徧くす。

●新しいリーダーへの禅譲を先祖に報告し、神々に祈る

《正月上日、終を文祖に受けて、璿璣玉衡を在て、以て七政を斉ふ。》

正月の佳き日、堯帝は「終」退位をすることを「文祖」祖先の霊に報告しました。「璿璣玉衡」とは天文観測の器械ですが、日本でいう三種の神器のようなものです。古代中国では天文に詳しいことがリーダーの最大の条件でした。リーダーは天というものを読めなければならない。天が読めるとは、天の意向を読めるということと、観天望気といって今でいう天候を読むという二つです。そのためリーダーは、代々「璿璣玉衡」という天文観測の器械を譲り受けて

いたのです。

「以て七政を斉ふ」は日月星辰の運行を整える、つまり暦を整えることです。

《肆に上帝に類し、六宗に禋し、山川に望し、羣神に徧くす。》

「肆に上帝に類し」の「上帝」とは天のことです。天帝にこれから舜がトップを引き受けることの了承を願う。「六宗」天の神々に祀り、「山川」山の神、川の神に望む。お祀り事をして「羣神に徧くす」諸々の神に対して祈りを捧げる。舜が帝位に就くということで、お祀り事をして神々に祈りを捧げたわけです。

こうして堯に代わって舜がトップに立ちました。トップに立った舜はまず何をやったのか。それについて書かれているのが次の第八節です。

第八節　舜、巡守す

五瑞を輯め、既の月乃の日に、四岳に羣牧を観て、瑞を羣后に班す。歳の二月に東に巡守し、岱宗に至つて柴し、山川に望秩し、肆に東后を観る。時・月・正日を協せ、律・度・量・衡を同じくし、五礼・五玉・三帛・二生・一死贄を修む。如れども五器は、卒れば乃ち復す。五

月に南に巡守して、南岳に至り、岱の礼の如くす。八月に西に巡守して、西岳に至り、初の如くす。十有一月に朔に巡守して、北岳に至り、西の礼の如くす。帰つて芸祖に格り、特を用す。五載に一たび巡守して、羣后は四ところに朝す。敷く奏（＝納）るに言を以てし、明試するに功を以てし、車服は庸を以てす。十有二州に肇し、十有二山を封じ、川を濬くす。

●引き続き同じ職に就く人も退任させて新たに任命する

《五瑞を輯め、既の月乃の日に、四岳に羣牧を観て、瑞を羣后に班す。》

ここは少し難しいので、理解しやすくなるように会社を例に説明してみます。

堯に代わって舜が新しく帝位に就きました。会社でいえば社長に就任したわけです。堯の時代は、全員が同じシナリオを持つ必要があるという考えから暦を作りました。会社でいえば年度経営計画を作成したわけです。ところが、舜が帝位に就くと、章名に「舜、巡守す」とあるように、まずやらなければいけないことがあるといいました。それが「五瑞を輯め」ということです。

この「五瑞」とは、諸侯に任命する任命書と考えればいいでしょう。社長が取締役に任命する際の任命書のようなものです。舜は、その任命書を「輯め」取り上げてしまいました。つまり、前社長時代の取締役を引き継ぐにしろ、一回退任してくださいといったわけです。これはすごく重要なことです。なぜなら、現在就任している役員は前社長が任命した人で、任命責任は前社長にあるからです。だから、もし同じ人が取締役になるとしても、まず一回退任してもらい、改めて任命することが重要なのです。そのために「五瑞を輯め」ということをやったわけです。

その後に「瑞を羣后に班す」と書いています。これは自分の任命書を再び諸侯に返したということです。こういう手順を踏んで、「今度あなたを任命したのは新社長である私である。したがって、任命責任は私にある」ということを明確にしたのです。これは同時に、「今後は私の意向をちゃんと汲んでください」ということです。このように改めて任命することは、引き継ぎの際のけじめとして非常に重要なことです。

その前にある「四岳に羣牧を観て、瑞を羣后に班す」とは、地方の長官を集めて任命式を行うということ。同じ人が再任される場合が多いとしても、何もしなくていいというのではなく、新たに任命式を行って、自分が誰によって選ばれたのかをはっきりさせたのです。

●全員が同じ行動をするために、基準を合わせる

《歳の二月に東に巡守し、岱宗に至って柴し、山川に望秩し、肆に東后を観る。時・月・正日を協せ、律・度・量・衡を同じくし、五礼・五玉・三帛・二生・一死贄を修む。如れども

五器は、卒れば乃ち復す。五月に南に巡守して、南岳に至り、岱の礼の如くす。八月に西に巡守して、西岳に至り、初の如くす。十有一月に朔に巡守して、北岳に至り、西の礼の如くす。》

「歳の二月」その年の二月に「東に巡守し」東の地方を視察し、「岱宗」あの有名な岱山（泰山）という山に至って「柴し」柴を焼くというお祀り事を執り行い、「山川に望秩し」山の神、川の神に遠くからお祀り事をして、「肆に東后を観る」ついに東の諸侯として任命した人を引見した。

そして、引見した諸侯に次のように命じました。ここは重要なところです。

まず「時・月・正日を協せ、律・度・量・衡を同じくし」とは、基準を同じくするということ。お互いに何を基準に持つかはとても重要ですから、新たに任命するときに「これからはこれを基準にしようじゃないか」と明確にするべきです。スパイ映画を見ていると、打ち合わせをして別れるときに時計の時刻を合わせるシーンが出てきます。あれはすごく重要なのです。同じ基準、同じ規範を持っていないと、何かいっても話が通じないということになりかねません。だから、舜は時や月を合わせて明確にし、律・度・量・衡という計りの目盛りも同じにしたのです。

また、「五礼・五玉・三帛・二生・一死」は、当時行われていたお祀り事の種類ですが、こういうものも国中で同じ日に同じやり方で行わせました。「如れども五器は、卒れば乃ち復す」は、先ほどの五瑞を返すことが重要だ、ということをいっています。

五月になって今度は南の地方に視察に出かけ、「南岳」南の山に至った。中国には四つの代表的な山がありますが、そのうちの一つである南の山に至って、「岱」岱山で行ったのと同じようにお祀り事をした。八月には西の地方を視察して「西岳」西の山に至って「初めの如くす」全く同じことを行った。

つまり、二月、五月、八月と視察に出かけて、それぞれ同じことをしたのです。それから今度は「十有一月に朔に巡守して、北岳に至り」十一月には北の地方に視察に出て、北の山に至り、「西の礼の如くす」西で行ったのと同じお祀り事をした。

●提言があれば試してみて、効果があればしっかり評価する

《帰つて芸祖に格り、特を用す。五載に一たび巡守して、羣后は四ところに朝す。敷く奏（＝納）るに言を以てし、明試するに功を以てし、車服は庸を以てす。》

ここからが重要なのですが、「帰つて」都へ帰ってきて「芸祖に格り」堯も含めた先輩・先祖リーダーのところに格って「特を用す」。この「特」は生け贄用の牛のことです。「用す」とは、それを捧げたという意味。「五載に一たび巡守して」の「載」は「歳」ですから「五年に

一回視察して」。「羣后は四ところに朝す」諸侯が東西南北に集まって朝見をした。

朝見とは何をするかというと、「敷く奏るに言を以てし」諸侯が自分のエリアで今問題になっていることや困っていることを帝の前で話して、「こうしてほしい」という要求をすることです。もっと建設的にいえば、「こんなことをしたら非常にうまく収穫ができました」とか「これを行ったら民が喜びました」といったことを話し、その情報を共有化することです。これも非常に重要なことです。

「敷く奏るに言を以てし」そうした意見をしっかり聞いて、「明試」試しにやってみて「功を以てし」効果があれば評価してあげる、と。すぐに聞き入れるわけではなくて、まず試しにやってみるというのです。

そして評価したものには「車服」車や衣服を褒美としてあげる。この意見が非常によかったというと、「よかったよ」と評価を伝えて、「なお励んでくれ」と言葉をかけるのです。すると諸侯は皆、帝にしたがうようになり、五年に一回巡回してくるときを目標にして、しっかり提言をまとめておくようになるというわけです。これが「車服は庸を以てす」ということです。

舜の時代というのは、今から五千年から六千年ぐらい前です。そういう大昔でも、トップリーダーは五年に一回は国の四方を回ったのです。これが今の会社なら、社長は一年に一回は各支店を回らなければ駄目だということでしょう。

しかも、舜はちゃんと提言を引き受けて、試してみてよければ評価し、効果がなければ評価しなかったというわけです。ここも明快ですごいところです。

《十有二州に肇し、十有二山を封じ、川を濬くす。》

「十有二州」とは、東西南北の四か所をそれぞれ三区分したということ。そうすると十二州になります。このように全土を十二州に分けて、「十有二山を封じ」十二の山で全く同じお祀り事をして「川を濬くす」洪水をなくすための配慮をしたというのです。

この第八節では、舜が就任してから何を行ったのかが後代の参考にできるように非常に詳細に書かれています。

第九節　舜、四罪を行ふ

象を典刑と以し、流は五刑を宥め、鞭を官刑と作し、扑を教刑と作し、金を贖刑と作し、眚災は肆赦し、怙終は賊刑す。「欽しまん哉欽しまん哉。惟れ刑を之れ恤しまん哉」と。共工を幽州に流し、驩兜を崇山に放ち、三苗を三危に竄し、鯀を羽山に殛す。四罪して天下咸服す。

●リーダーの哲学や方針を浸透させるためにルールを変える

次に舜が行ったのは刑法の改革でした。どういう改革をやったかというと、自分なりの政治哲学や政治の方針に合うように法律を変えたのです。ルールを変えるというのは重要なことです。トップリーダーになったときに、決まりや法則を徹底的に再考してみることは非常に重要です。

日本のいろいろな会社を見ると、それが遅すぎるように思います。シリコンバレーあたりの企業から来た人たちの話を聞いていると、それは会社と呼べるのかというほど従来のルールを変えています。

ルールを変えるのは、トップリーダーの哲学や方針を浸透させるためです。それを具体的に浸透させるために、ルールにして、守ってもらうようにするわけです。ゆえにルールの改変はトップの個性が出る一番重要なところです。

それが書かれているのがこの「舜、四罪を行ふ」です。

《象を典刑と以し、流は五刑を宥め、鞭を官刑と作し、扑を教刑と作し、金を贖刑と作し、眚災は肆赦し、怙終は賊刑す。》

舜は刑法をどういうふうに変えたのでしょうか。まず「象を典刑と以し」とあります。「象」

とは、「形」とか「身なり」のことです。要するに、罪人の服装を常人と変えて囚人服にしたということです。

それ以前の刑法はどういうのだったのか、簡単にご紹介すると、五つの刑がありました。一番目に「墨」という刺青を入れる刑がありました。二番目は「劓」といって鼻を削ぎました。三番目は「剕」といって脚を切りました。四番目は「宮」といって性器を取りました。『史記』の著者として知られる司馬遷は、この宮の刑に処せられました。それから五番目は「大辟」で、これは死刑になりました。

死刑は別として、残りの刑はすべて跡が残ってしまいます。したがって、刑に服して社会に復帰するときに、罪を犯した人間だとわかってしまいます。舜は「それでは刑に服す意味がない」と考えました。

刑に服すには二つの意味があります。一つは犯罪抑止効果です。五刑がまさにそうで、「あんな刑に処せられるのなら罪は犯さないほうがいい」と皆に思わせる目的があります。もう一つは、反省して社会に戻り、真面目になってやり直してもらうということです。舜は「カムバックしてやり直すことが重要なのではないか」と考えたのです。そして、社会に戻りやすくするために、跡が残らない刑罰に変えたわけです。

だから、「象を典刑と以し」衣服だけ囚人服にして刑に服すようにしました。刑を終えればまた衣服を替えて、社会に戻ってもわからないようにしたのです。ここから舜の政治の根幹が見えてきます。

それから「流は五刑を宥め」の「流」は流罪です。流罪は遠くの島に流したりしますが、帰ってくれれば流された人かどうかわかりません。そうするために「五刑を宥め」刺青とか鼻を削ぐとかいった五刑を宥めて流罪にした。これも復帰がしやすいような刑罰に変えたということです。

次に「鞭を官刑と作し」とあります。これは鞭打ち刑ですが、「官刑」とあるように官吏が罰せられるときの刑です。官吏が不正を働いたら鞭打ち刑にしたわけです。

また「扑を教刑と作し」とは、「教刑」教育関係者が罰せられるときの刑です。ここからは、当時すでに教育が官吏による国家運営と同じほど大切だと考えられていたことがわかります。「扑」は「鞭」と同じく鞭打ちの刑です。使う鞭の種類が違っているだけです。

現在も中国では鞭打ち刑があって、公開で行われています。私が上海へ度々行っていた頃、「今日、野球場で鞭打ち刑がある」というので見に行ったことがあります。いったいどういうふうにやるのだろうと興味津々見ていたら、文字通りの鞭打ち刑でした。舜帝の時代の刑がいまだに残っているというのはすごいことだなと思いました。

次の「金を贖刑と作し」とは罰金刑です。無作為で行った罪は、罰金を払わせて終わりにしたのです。

それから「眚災は肆赦し」は、過失は減刑にしたということ。「肆赦」とは「許す」という意味です。

最後は「怙終は賊刑す」。「怙終」とは常習犯のことです。常習犯には厳しい刑が科せられました。「賊刑」、つまり死刑に処せられたのです。

舜が度々いったことは、「一回死刑にしてしまった人間を生き返らせるということはできない。したがって、刑罰を与えるときには慎重の上にも慎重を期さなければならない」ということでした。

《「欽（つつ）しまん哉（かな）欽（つつ）しまん哉（かな）。惟（こ）れ刑（けい）を之（こ）れ恤（つつ）しまん哉（かな）」と。》

ここで「欽しまん哉欽しまん哉。惟れ刑を之れ恤しまん哉」という舜の言葉が出てきます。これはどこかで聞いた台詞だと思った方もおられるかもしれません。実はこの言葉は『貞観（じょうがん）政要（せいよう）』の中に何度も出てくる台詞です。舜の時代の言葉が唐の時代に編まれた書物に出てくるわけです。よい言葉が歴史的に受け継がれているところは、我々も大いに学ばなければならないと思います。

《共工を幽州に流し、驩兜を崇山に放ち、三苗を三危に竄し、鯀を羽山に殛す。四罪して天下咸服す。》

ここにある「共工」「驩兜」「三苗」「鯀」というのは今でいうところの政治犯で、それぞれ遠方の地に流された人たちです。「竄し」は「放つ」という意味です。「鯀」は先に出てきた禹の父親です。鯀は堯帝から洪水を治めることを任されたけれど失敗したため、羽山というところに流されました。

政治犯でも非常に厳しい刑に処することによって、「四罪して天下咸服す」政治的に優秀な人たちでも、役割を果たさなければ刑罰を受けるということがわかって、犯罪が少なくなったというのです。これは政治として一番重要なところだと思います。

第十節　堯、殂す

二十と有八載、帝乃ち殂落す。百姓は考妣に喪するが如く、三載、四海八音を遏密す。

●「人三年、親の懐を免れぬ」

《二十と有八載、帝乃ち殂落す。百姓は考妣に喪するが如く、三載、四海八音を遏密す。》

「二十と有八載」ですから二十八年、「帝乃ち殂落す」堯帝が亡くなった。「百姓」は国民、「考妣」は父母で、「考」が父、「妣」が母を表します。つまり、国民は実の父母の喪に服するが如く、「三載」三年「四海」全国で「八音を遏密す」音楽を停止した。自分の両親が亡くなったときのように三年間、晴れやかなことをすべて止めるぐらいに悲しんだ、と。ここから堯がどれほど偉大なリーダーであったかが伝わってきます。

この三年喪に服すということについて、『論語』に有名な話があります。孔子の弟子の宰我が孔子に、「先生、三年喪に服すというのは長いのではないですか」と聞くのです。「スピーディーな世の中になっているのに、三年も喪に服していたら何もかも時代遅れになってしまいます。喪に服すにしても、一年ぐらいでいいんじゃないですか」というわけです。

それに答えて孔子は「君がそう思うなら好きにやったらいいじゃないか」といいます。それで、その弟子は孔子の元から離れていくのですが、孔子は残った弟子に「彼は親孝行者だと思っていたけれど、親孝行の心はないんだね」といいました。

そこから「子生まれて三年、然る後に父母の懐を免る」という言葉が出てきます。我々は偉そうにしているけれど、生まれてから三年間は自分では何もできません。その間に親がしっかり守ってくださった。懐で一生懸命育ててくださったから、今こうして偉そうにしていることもできるのです。そう思えば、三年ぐらい喪に服すのは当たり前じゃないかと『論語』に書いてあります。そういうところから、喪は三年という風習がずっと伝わっているわけです。

第十一節　舜、四岳に詢りて諸官を任命す

いよいよ舜が組閣に取り掛かります。内閣をどういう観点から編成するべきかという話が出てきます。

会社であれば、企画部門の長、生産部門の長、販売部門の長、管理部門の長というように分けますが、社長が「そういう分け方は現状にそぐわない。自分がこれからやっていこうという会社は、そんな旧態依然とした会社ではない」といえば、役職の振り分け方も変えなければいけません。

この節を読むと、舜が何を重視していたか、何を一番の要点として政治を行おうとしたかが非常によくわかります。そこを読み取っていきましょう。

月正元日、舜文祖に格り、四岳に詢り、四門を闢き、四目を明かにし、四聡を達くし、十有二牧に咨って曰く、「食めん哉、惟れ時れ遠きを柔げ邇きを能くし、惇き徳允に元にして、任人を難んずれば、蛮夷は率って服せん」と。舜曰く、「咨、四岳。能く庸を奮って帝の載を

煕すもの有らば、百揆に宅き、采を亮けしめん。恵れ疇ぞ」と。僉曰く、「伯禹を司空と作せ」と。帝曰く、「兪り。咨、禹。汝は水土を平ぐるを、惟れ時れ懋めん哉」と。禹、拝稽首して、稷・契曁び皋陶に譲る。帝曰く、「兪り。汝往かん哉」と。帝曰く、「棄、黎民阻に飢う。汝稷を后ぎ、百穀を播時せよ」と。帝曰く、「契、百姓親しまず、五品遜はず、汝司徒と作つて、敬んで五教を敷け。五教在めて寛らん」と。帝曰く、「皋陶、蛮夷は猾夏し、寇賊し姦宄す。汝士と作つて、五刑に有服し、五服を三つに就き、五流に有宅し、五宅三つに居け。惟れ允を明克せよ」と。帝曰く、「疇か予の工に若はん」と。僉曰く、「垂なる哉」と。帝曰く、「兪り。咨、垂、汝工を共べよ」と。垂拝稽首して、殳斨曁び伯与に譲る。帝曰く、「兪り。往かん哉。汝諧にせよ」と。

●遠くの国と良好な関係をつくり、近くにいる人たちを大切にする

《月正元日、舜文祖に格り、四岳に詢り、四門を闢き、四目を明かにし、四聡を達くし、十と有二牧に咨つて曰く、「食めん哉、惟れ時れ遠きを柔げ邇きを能くし、惇き徳允に元にして、任人を難んずれば、蛮夷は率つて服せん」と。》

「月正元日」とは、決まりのいいその月の頭ということ。「舜文祖に格り」の「文祖」は度々出てきますが祖先のこと。祖先の霊廟に至り、「四岳」側近に諮って「四門を闢き」東西南北

の門を開いた。これは、諸侯が各地から集まってくることを意味しています。

次の「四目を明かにし、四聡を遠くし」は、後に「四目四聡」という言葉になります。「四」というのは東西南北で、東西南北といえば三百六十度を表します。そこから三百六十度をしっかり見渡すことを「四目」といい、三百六十度の声をしっかり聞くことを「四聡」といいます。そこから「四目を明かにし、四聡を遠くし」は「聡明」という言葉の出典になっています。聡明とは、よく聞いて、よく見ることなのです。

私も若い頃にいろいろな修行や訓練を受けましたが、その第一歩が「良く見る、良く聞く」ことです。人間というのは、よく見ているようで案外見ていないものです。たとえば、自分がいつも通っている家から最寄りの駅までの道をもう一回見直していただくと、「こんな家があったのか」「こんな看板がかかっていたのか」と発見することがたくさんあるはずです。なんと自分はぼーっとして生きていたかと思うほど、気づいていなかったことが多いのです。

人間の能力の差といっても、よく見ているか、よく聴いているか程度の違いなのです。この「聡明」の出典となった「四目四聡」という言葉はとても重要ですので、ぜひ覚えていただきたいと思います。

次に「十と有二牧に咨つて曰く、『食めん哉、惟れ時れ遠きを柔げ邇きを能くし』」と続きます。この「遠きを柔げ邇きを能くし」は政治や経営の基本です。「遠きを柔げ」とは、強敵は必ず遠くからやって来るので、日常的に外交力によって遠くにいるライバル国と良好な関係を築いておくことが大切だということです。歴史を見ても、政権を倒す次の人はいつも遠くにいます。今の日本を考えてみても、深刻な問題は国内から生じるより、周辺諸国との関係から生じてくることのほうが多いでしょう。

だから「遠きを柔げ」というのは、「よし、戦ってやろうじゃないか」という思惑を持った遠くの国がないようにする。そのために外交をうまくやって相手を和らげていくことが大切だということです。

それからもう一つやるべきは、「邇きを能くし」ということ。これは、側近を含めて自分の間近にいる者たちをバカにしてはいけないということです。とかく慣れてくると近くにいる人を軽視しがちですが、そこをしっかり押さえておかなくてはいけません。

会社でいえば出張所や支社の社員、あるいは遠くにいるお客様をしっかり管理する一方で、本社の人間、近くのお客様をしっかり見ていく。この二つができていれば順調に社業は回るわけです。「遠きを柔げ、邇きを能くし」はいろいろな文献に出てくる言葉です。

「惇き徳允に元にして」は大きく厚い徳をもとにして、「任人を難んずれば」任人に注意しなければいけない。「任人」は「佞人（ねいじん）」ともいいますが、口がうまい人間です。『論語』でも、「佞人を遠ざく」とあり、こういう人間には注意を促しています。

人間が陥りがちな一番最たるものは、口のうまい人間に騙されてしまうことなのです。だから、「任人」の言葉をそのまま信じるのではなくて、その人がどのような行動をとっているかもよく見なければいけません。したがって、この「任人を難んずれば」という言葉は、口先だけの人間がうまくやっていけないような政治をしなければならないということをいっているわけです。

そうすれば「蛮夷は率つて服せん」周辺の異民族さえも服従してくるくらいにうまく治まる。まずそういう政治をやってほしいと、「十と有二牧」十二州の諸侯たちにいったのです。

●一番困っている問題を解決できる人を真っ先に任命する

《舜曰く、「咨、四岳。能く庸を奮つて帝の載を熙すもの有らば、百揆に宅き、采を亮けしめん。恵れ疇ぞ」と。僉曰く、「伯禹を司空と作せ」と。帝曰く、「兪り。咨、禹。汝は水土を平ぐるを、惟れ時れ懋めん哉」と。》

舜が側近たちにいいます。ここで舜がいっているのは、各大臣を置かなければいけないということなのですが、そのときに「能く庸を奮つて」特別な能力がなくてもいいから、日常の仕事をしっかりする人を選ばなければいけないということです。「庸を奮つて」というのは、小さなことをバカにせず、しっかり手堅く仕事をしていくということです。そして「帝の載を熙すもの有らば」トップリーダーとして一番重要なことをしっかり行う人がいれば、「百揆に宅き、采を亮けしめん」百官を統べる、つまり組織を統率して、自分の采配を助けてくれるだろう、と。「恵れ疇ぞ」それは誰がいいかね、と相談したわけです。

そこで皆は「伯禹を司空と作せ」伯禹を「司空」そもそもは土木・民事の大臣ですが、現在最も重要な問題である洪水を治める大臣にするといいでしょう、といいました。伯禹とは、鯀の息子の禹のことです。帝王から見て「司空」は百官のトップ、実務部隊の長といっていいでしょう。つまり、実務部隊の長にはしっかり組織を治められる人を置いて、自分の采配を助けてくれるようにするのがいいということです。

帝は「そうだなあ」といい、「水土を平ぐるを、惟れ時れ懋めん哉」、つまり禹に洪水を防ぐ治山治水事業を行うように命じました。治山治水は当時の国家の一番の問題でしたから、総理大臣になるのであれば、まずその難題を解決できる人でなければなりません。だから、「それをやってみよ」といって禹を任命したわけです。

これは会社の一番困っている問題、解決しなければならない問題を担当する人間を真っ先に任命しろ、といっているのです。これは非常に重要なところです。

《禹、拝稽首して、稷・契曁び皐陶に譲る。帝曰く、「兪り。汝往かん哉」と。》

舜の要請に対して「禹、拝稽首して」禹は中国流の要するに丁寧なお辞儀をして、「いや、私よりも稷や契や皋陶のほうがよろしいでしょう」といいました。これは類型的な言い方ですが、何かの任命を受けたとき、まず「いえ、私よりもA君やB君がよろしいでしょう」と譲るのが当時の中国では常識的な態度でした。

それに対して舜帝は「兪り。汝往かん哉」、つまり「うん、そうか」と禹の返事を肯定してから、「しかし、あなたにやってもらいたいんだ」といいました。要するに、「総理大臣の職はどうしてもあなたにやってほしい」といったわけです。

●最上位の役職者を決めたあと、重要度に従って役職を振り分けていく

《帝曰(ていいわ)く、「棄(き)、黎民阻(れいみんしきり)に飢(う)う。汝稷(なんじしょく)を后(つ)ぎ、百穀(ひゃくこく)を播時(はじ)せよ」と。》

ここで問題になるのが、禹が「この人たちのほうがいいです」と名前を挙げた人たちをどうするのかということです。舜帝はそれらの人たちの処遇について、次のようにいいました。

最初に名前が挙がった「稷」は本名を「棄」といいます。舜帝は「棄、黎民阻に飢う。汝稷を后ぎ、百穀を播時せよ」と。食物が安定的に供給されていないから、国民が飢えに苦しんでいる。棄にぜひとも食糧庁長官になってくれと命じました。

国家の第一の難問は洪水であったから、舜帝はまずそこに一番力量のある禹を任命しました。

そして、二番目の問題は食糧の安定供給だというので、そこに禹から最初に名前が挙がった稷（棄）を据えたわけです。「汝稷を后ぎ」の「稷」とは食官、つまり食糧庁長官の職のことです。「百穀を播時せよ」とは、いろいろな穀物をしっかり管理せよ、ということ。それによって飢餓から国民を救え、と命じたわけです。

《帝曰く、「契、百姓親しまず、五品遜はず、汝司徒と作つて、敬んで五教を敷け。五教在めて寛らん」と。帝曰く、「皋陶、蛮夷は猾夏し、寇賊し姦宄す。汝士と作つて、五刑に有服し、五服を三つに就き、五流に有宅し、五宅三つに居け。惟れ允を明克せよ」と。》

さらに名前が挙がった人がいます。今度は契です。舜帝は契にこのようにいいました。「契、百姓親しまず、五品遜はず、汝司徒と作つて、敬んで五教を敷け」。先に五典が出てきましたが、五品も五教も同じようなもので、儒教が大切にする人間として基本的なあり方を示しています。

五典に「父は義、母は慈、兄は友、弟は恭、子は孝」といいますが、だいたいの人はこの五つのどれかに当てはまるポジションを持っています。だから、「皆、これを務めなければ人間としてしっかり生きているとはいえませんよ」という意味で、儒教は五品とか五教というようなものをしっかり定めているのです。

ところが、「五教在めて寛らん」と舜帝はいっています。そうしたあり方が十分ではないから、五教を広めるように指摘しているのです。それを契に命じているということは、要するに文部大臣、教育庁長官のような職に任命したということです。

治山治水、食糧の次の三番目に教育が大切だといっているわけです。この当時から教育は三番目に重要なことと考えられていたわけです。

もう一人、皐陶という人の名前が挙がりました。皐陶には何をしてもらうか。「蛮夷は猾夏し」周辺の異民族が乱を起こして、隙さえあれば攻めてこようとしている。「寇賊し」国家の安定を損い、「姦宄す」すべてを掠め取ろうとしている。そういう周辺の異民族と心を通じている人間が必ず政権の中にもいるし、国民の中にもいる。そうした手引きをする人間をなくさなければならない。そのために「汝士と作つて」皐陶が司法長官になって、「五刑に有服し」五刑をすべて施行して、「五服を三つに就き」刑務所を三か所に置いて、「五流に有宅し」流罪にする場所をしっかり作って、「五宅三つに居け」三か所に流罪の場所を置け、と命じます。

そして「惟れ允を明克せよ」この社会の誠がしっかり守られるようにせよ、といっています。誠が守られていない社会とは、偽りがはびこっているような社会です。それを司法長官として正していってくれ、といっているわけです。ここからは、舜帝が司法を四番目に大切だと考えていたことがわかります。

《帝曰く、「疇か予の工に若はん」と。僉曰く、「垂なる哉」と。帝曰く、「兪り。咨、垂、汝工を共べよ」と。垂拝稽首して、殳斨曁び伯与に譲る。帝曰く、「兪り。往かん哉。汝諧にせよ」と。》

舜帝はいいました。「疇か予の工に若はん」と。「工」は物を作り出すということ。橋を架けるとか、道路を造るとか、そういうものです。「そうした役目は誰にさせたらいいだろうか」といったわけです。

皆がいいました。「垂なる哉」垂がいいでしょう、と。帝はそれに頷いて、「そうだな。それでは垂よ、あなたが物づくりの責任者となって統率してくれ」と命じます。すると垂は「拝稽首して」丁寧にお辞儀をして、「いや、私ではいけません。その役目は殳斨か伯与がふさわしいでしょう」といって、自らは固辞しました。

しかし帝は「いや、それはそうじゃない。あなたがやってくれ。今あなたが挙げた二人の者は副、次席として働いてくれ」といいました。ここから舜帝が建設を国家にとって五番目に大切なものだと考えていたことがわかります。

どういう順番で帝が人事をしているかを注意深く見てください。組織をつくるとき、トップがどういう考え方をするかということが学べます。繰り返しますが、まずその組織にとって一番大きな問題を担当する役職に最も優秀な人材を投入し、二番目、三番目と役職を割り振っていくことが大切なのです。

帝曰く、「疇か予の上下の草木鳥獣を若へん」と。禹曰く、「益なる哉」と。帝曰く、「兪り。咨、益、汝朕が虞と作れ」と。益拝稽首して、朱虎暨び熊羆に譲る。帝曰く、「兪り。往かん哉。汝諧にせよ」と。帝曰く、「咨、四岳、有か能く朕が三礼を典る」と。僉曰く、「伯夷」と。帝曰く、「兪り。咨、伯、汝秩宗と作れ。夙夜惟れ寅み、直なる哉惟清なれ」と。伯拝稽首して、夔・龍に譲る。帝曰く、「兪り。往け。欽まん哉」と。帝曰く、「夔、汝に楽を典り、冑子を教ふるを命ず。直にして温、寛にして栗、剛にして虐ふ無く、簡にして傲る無かれ。詩は志を言ひ、歌は永言し、声は永きに依り、律は声を和し、八音克く諧し、倫を相奪する無くして、神人以て和せん」と。夔曰く、「於、予石を撃ち石を拊ち、百獣率て舞ふ」と。帝曰く、「龍、朕讒説殄行して、朕が師を震驚するを堲む。汝に納言と作るを命ず。夙夜朕が命を出納することを、惟れ允にせよ」と。帝曰く、「咨、汝二十と有二人、欽まん哉。惟れ時れ天功を亮けよ」と。三載に績を考へ、三考して、幽明を黜陟して、庶績咸熙り、三苗を分北す。

●環境、祝祭を国家として重視する

《帝曰く、「疇か予の上下の草木鳥獣を若へん」と。禹曰く、「益なる哉」と。帝曰く、「兪り。咨、益、汝朕が虞と作れ」と。益拝稽首して、朱虎暨び熊羆に譲る。帝曰く、「兪り。往かん哉。汝諧にせよ」と。》

舜帝がいうには「疇か予の上下の草木鳥獣を若へん」と。「草木鳥獣」は自然の総称と考えればいいでしょう。当時の人々はタンパク質を鳥獣から摂っていました。また、医薬はほとんどが漢方ですから、自然の草から取りました。さらに建物は木製ですから木を使います。だから、国家としてそういうものを計画的に増やしていくことが重要でした。それゆえ、環境部長というか環境大臣というか、そういう人が重要な地位に就いたわけです。総理大臣から数えて、順番としては六番目になります。自然をどう扱うかは、今日も変わらず重要なテーマになっています。

「それを誰に扱わせればいいだろうか」と帝が問うたわけです。それに対して禹は「益がよろしいでしょう」といいました。帝は「兪り」そうだなと答え、「益、汝朕が虞と作れ」といいました。「虞と作れ」は草木鳥獣の担当として働いてくれ、といったわけです。

それに対して今度は益が「拝稽首」頭を地面に付けるようにして拝礼して、「朱虎暨び熊羆に譲る」といいました。自らは固辞して「私よりも朱虎か熊羆がよろしいでしょう」といったわけです。これに対して、また帝が「そうか」と。そして続けて「往かん哉。汝諧にせよ」といいます。「それなら三人でやってくれ。名前を挙げた二人は副として益を助けてやってくれ」といったのです。

《帝曰く、「咨、四岳、有か能く朕が三礼を典る」と。僉曰く、「伯夷」と。帝曰く、「兪り。咨、伯、汝秩宗と作れ。夙夜惟れ寅み、直なる哉惟清なれ」と。伯拝稽首して、夔・龍に譲る。帝曰く、「兪り。往け。欽まん哉」と。》

その次、七番目に大事なのは何か。帝がいいました。「咨、四岳、有か能く朕が三礼を典る」と。当時はまだ祭祀文化の時代で、政治もお祀り事の一部でした。だから、祭祀の担当は非常に重要でした。そこで「三礼を典る役職には誰がいいだろうか」と側近たちに聞いたわけです。すると皆がいうには「伯夷がよろしいでしょう」と。帝が「兪り」そうだなといい、伯夷に対して「伯、汝秩宗と作れ」と。「秩宗」の「秩」は秩序、「宗」はすべての決まり事ですから、そういうものを担当する「神官の長になれ」と命じました。

さらに、「夙夜」の「夙」は朝早いことですから、朝早くから夜遅くまで慎んで仕事に精を出し、「直」正しい心を持って「清なれ」潔白になれ、と。お祀り事をするときには天と対等に付き合わなければいけません。だから、それなりの人物にならないと務まらないのです。そこで「夙夜惟れ寅み、直なる哉惟清なれ」といったわけです。

ところが伯夷は拝稽首して、「私よりも夔や龍がいいでしょう」と譲りました。しかし帝は「兪り。往け。欽まん哉」と。「そうか。だが、これはあなたがやってくれ。慎重に慎重にしっかりやってくれよ」といいました。今度は夔や龍と一緒にやってくれとはいわず、「伯夷がやってくれ」と命じたわけです。

●礼と音楽・詩を社会秩序の形成・維持に用いる

《帝曰く、「夔、汝に楽を典り、冑子を教ふるを命ず。直にして温、寛にして栗、剛にして虐ふ無く、簡にして傲る無かれ。詩は志を言ひ、歌は永言し、声は永きに依り、律は声を和し、八音克く諧し、倫を相奪する無くして、神人以て和せん」と。夔曰く、「於、予石を撃ち石を拊ち、百獣率て舞ふ」と。》

では、夔と龍に対して舜帝は何をいったのか。夔に対しては「汝に楽を典り」といいました。ここで音楽が出てきます。古代中国には音楽大臣がいたのです。どうして音楽大臣ができることになったのか、その経緯を簡単にお話しします。

まず礼というものを中国の古代人が発見しました。どういうふうに発見したのかというと、夜空を眺めているとものすごい数の星が瞬いて、それが全部動いています。人間社会でこういう状態だったらどうなるか。あっちで混乱、こっちで衝突が起こるはずです。ところが、空の星々は何万年と一つの狂いもなく動き、混乱もなく動いています。こんなすごい秩序がこの世の中にはあるんだという発見があって、その秩序をなんとかこの地に降ろすことはできないかと思うようになったのです。

仏教に古代仏教とあるように、神道にも古神道というものがあります。淵源が一つあって、それを誰かが新しい思想・哲学にしていくのです。儒家の思想もそうで、古い儒教がありました。その中で、「とにかく秩序を形成しなければいけない」と徹底的にいうわけです。そこで秩序の形成を最終的に体系づけたのが孔子でした。孔子は「礼」という概念を引っ張り出してきて、この宇宙を覆っている秩序をこの世に降ろすと礼というものになるといいました。だから、秩序が形成されていない状態を「非礼・無礼」といいます。「非礼・無礼」とは、必ず乱れが起こるということです。

孔子は「礼」という概念を確立して、「こういう場合はこういう礼が好ましい」ということを『礼記（らいき）』という分厚い書物にまとめました。この世の中の乱れをなくそうという思いで、孔子は礼を説いたのです。そして、そのときに同時に『礼楽記』というものをまとめ、そこで音楽について説いています。

なぜ音楽が秩序形成に欠くべからざるものだったのか。皆さんも心得があると思いますが、合唱をするときには他の人の音をよく聴くはずです。それを全く無視して、一人だけ好き勝手に歌っていたら、「君、次から来ないでくれ」といわれるでしょう。合唱は自分の声と周りの人の声を調和させるものであり、これは調和の心を育むことに最も適したものなのです。音楽はアンサンブルが重要なのです。

同じことは素読にも言えます。皆で声を合わせて読んでいると、あたかも一人が読んでいるような状態になります。それは、皆の心が一つになっているからです。そういう意味で、音楽をうまく用いると、組織を一枚岩にする、ワンチームにする最大の秘訣になるのです。

学級崩壊をしているという学校へ行って、毎朝合唱指導をした経験があります。私のあとを受けて先生がそれを続けて三か月もすると、とても和気藹々（あいあい）たるクラスになりました。音楽にはそういう力があるのです。皆で協同して、他人を慮りながら自分も主張するという心が芽生えてきます。

だから、音楽は重要なのです。音楽大臣がいたというのも、そういう意味です。「汝に楽を典り、冑子を教ふる」とは、「音楽大臣になって若者を教えてくれ」ということですが、まさに若者こそが音楽を習得しなければいけないといっているのです。それはなぜかというと「直にして温、寛にして栗、剛にして虐ふ無く、簡にして傲る無かれ」とあるように、相反する二つがあって初めて人間は完成するからです。

まず「直にして温」とは、人間は正直でなければいけないけれど、そこに温かみがなければいけないということ。ただ厳格なだけではなくて、温かみがなければいけない。細かいことを指摘するのも重要だけれど、大ざっぱなところも必要なのです。

それから「寛にして栗」は、寛容に「そうか、そうか」ということも必要だけれど、「栗」慎重な面もなくてはいけない。栗は掴もうとしてもイガがあるから容易に掴めません。だから「栗」に「慎重」という意味が出てきます。

次は「剛にして虐ふ無く」。これは剛毅だけれど無理強いすることがないように、という意味です。さらに「簡にして傲る無かれ」。大まかで「いいよ、いいよ」となってしまいがちだけれど、「傲る」傲慢になってはいけないということです。

こういう相反する要素を学ぶには音楽が一番いいというわけです。だから、音楽大臣が出て、民の心に音楽をどんどん吸収させるようにする。それが国民国家をうまく営む最大のポイントであるといっているわけです。音楽にも急テンポのところもあれば、ゆったりしているところもあります。そういう相反する二つの要素を自分の中に芽生えさせるためにも、音楽は非常に重要です。

次の「詩は志を言ひ」も、よく使われる言葉です。詩は志を主張するのに一番適しているから、志を明確にするためには詩を読むといいといいます。これは『詩経』を読んでいるとよくわかります。かつては日本でも、志を立てて何かを始めようというとき、まず志を漢詩に託して読みました。

「歌は永言し、声は永きに依り」は、歌とはどういうものかということを述べています。たとえば「ふるさと」という言葉があります。「ふるさと」というだけだと、これはポエムです。しかし、「ふーるーさとー」と長く伸ばすと音楽になります。つまり、「言葉を長く伸ばして声に出すことが歌」なのだといっているのです。

それから「八音克く諧し、倫を相奪する無くして」八音をよく調和し、乱れをそのままにすることなく「神人以て和せん」神がおわすような雰囲気さえも音楽は持っている、と。少年合唱団などを聴いていると、まるで神の声のように思うところがありますが、これはそういうことをいっています。

夔がそれに答えて「於、予石を撃ち石を拊ち、百獣率て舞ふ」といいました。古代の楽器は石でできていて、鉄琴のように並んでいる石をカンコンカンコン打って楽器にしました。そうやって奏でていると、虎も鹿も百獣が寄って来て聴いているようになる。「音楽とはそういうものでございますね」といったわけです。

《帝曰く、「龍、朕讒説殄行して、朕が師を震驚するを堲む。汝に納言と作るを命ず。夙夜朕が命を出納することを、惟れ允にせよ」と。》

帝は次に龍にいいました。あなたにはもう一つ重要な仕事をしてもらいたい。それはこういうものである。「讒説殄行」邪な言説が忌まわしくも行われている。つまり、自分の意図とは違う話を「帝はこういっている」といいふらすような風潮がある。「朕が師を震驚するを聖む」。そうした言説が民を驚かせていることを私は憎む。だから「汝に納言と作るを命ず」あなたは「納言」今でいえば広報担当のような仕事をしてくれ。「夙夜」朝早くから夜まで「朕が命を出納することを」私の命令をしっかり管理して、私が意図するところをしっかり民に伝えるようにしてほしい、と。この龍が最後に任命されました。

●定期的にしっかり業績判断をして進退を問う

《帝曰く、「咨、汝二十と有二人、欽まん哉。惟れ時れ天功を亮けよ」と。三載に績を考へ、三考して、幽明を黜陟して、庶績咸熙り、三苗を分北す。》

舜帝は「咨、汝二十と有二人、欽まん哉」といいました。「あなたたち二十二人は、謹んで仕事に励んでほしい」。ここからは、ちょっとした組織には二十二人が力を合わせて行うぐらいの仕事があることがわかります。「惟れ時れ天功を亮けよ」の「天功」とは「天の業務」という意味です。トップは天に代わって政治を行っています。「それをあなたたちも助けてくれ」といっているわけです。

「三載に績を考へ、三考して」三年に一度、しっかり業績評価をして、「幽明を黜陟して」ちゃんと行ったか行っていないかをはっきりさせて進退を問うことによって、「庶績咸熙り」多くの業績が上がった。

最後の「三苗を分北す」とは、「三苗の地を三つに分けることになった」という意味ですが、この箇所は江戸時代からなぜこれが入っているのかわからないといわれていました。確かに意味が通じないので、おそらく紛れて入ってしまったのではないかと考えられます。

以上、舜帝の組閣のやり方を見てきました。自分が組織の構成を考えるとき、あるいは部下に任務を与えるときに参考になることが、多々含まれていたのではないかと思います。

第十二節　舜、歿す

舜生れて三十、徴用せられて三十、位に在る五十載、陟方し乃ち死す。

いよいよ「舜典」の最後の節です。

舜が生まれて三十年、「徴用」職に就いて三十年、帝位に就いて五十年、「陟方」十二州を巡行している途中で亡くなった。

つまり、舜帝は仕事中に亡くなったのです。この一文からも舜が仕事熱心な人だったことがわかります。

第一講の今回は、『書経』の「堯典」「舜典」の重要な箇所を読みました。『書経』というと、取り付きにくい書物のように思われがちですが、こうして読んでみると、それほど堅苦しいものではないことがわかっていただけたと思います。むしろ、我々の日常に照らし合わせて読めるような内容になっていて、非常に面白く、また役立てることができるものなのです。

第二講では、「大禹謨」「皋陶謨」というところを読んでいきます。「大禹謨」は、舜帝から任命されて総理大臣になった禹が何を行ったかが書かれています。また「皋陶謨」には、今回も司法長官として名前の出てきた皋陶という人が何をやったかということが書かれています。「皋陶謨」では、上司と部下の関係、自分の仕事をする心構え、それから采配の振るい方、最も有効な有事の備えなどについて学んでいきたいと思います。

第二講　大禹謨、皐陶謨を読む

今年の初めの頃は、まだ新型コロナウイルスがこれほどの事態を引き起こすとは、全く予想がつきませんでした。しかし、こうした事態を目の当たりにすると、私のように東洋思想を学んで暮らしている者は、「これは何かの天の啓示ではないか」「我々人類の生き方に大きな間違いが生じているのではないか」といったことを考えてしまいます。

社会が大きく変わろうとするときに、「必ず考えてもらいたい」と私がいい続けてきたことがあります。それは「陰陽論」です。「陽」は拡大発展ですが、拡大発展だけで全部がうまくいくことはありません。やはりそこには「陰」である充実革新というものがなければなりません。陽であれ、陰であれ、一つだけでは大きな弊害が生じてしまいます。対比的というか、陰陽のバランスを何よりも重要なこととして考えていく必要があります。

したがって、このコロナ禍も、一人ひとりが己を充実させ革新するチャンスとして捉えていくことが大切です。コロナに勝つためにも、前向きに、意欲的に生きることが求められています。

そういうことも考えつつ、『書経』講義の第二回目の今回は、禹の実績について書かれた「大禹謨」から読んでいきましょう。なお、この「大禹謨」は、前回冒頭で説明した『真古文尚書』には入っておらず、『偽古文尚書』に収められています。

大禹謨

曰若古の大禹を稽ふるに、曰く、文命四海に敷き、祗みて帝に承く。曰く、后克く厥の后たるを艱しとし、臣克く厥の臣たるを艱しとせば、政乃ち乂り、黎民徳に敏めん。帝曰く、兪り。允に茲の若くならば、嘉言伏する攸罔く、野に遺賢無く、万邦咸寧からん。衆に稽へ、己を舎てて人に従ひ、無告を虐げず、困窮を廃せざるは、惟れ帝時れ克くす。益曰く、都、帝徳広運、乃ち聖乃ち神、乃ち武乃ち文。皇天眷命し、四海を奄有して、天下の君と為る。

●言動に慎重になることが政治や経営の安定につながる

《曰若古の大禹を稽ふるに、曰く、文命四海に敷き、祗みて帝に承く。》

「堯典」の最初にも、「曰若古の帝堯を稽ふるに曰く」とあり、堯帝が顧みられていました。ここでも同じように、「曰若古の大禹を稽ふるに、曰く」とあります。漢文では「曰若稽古大禹」となるように、稽古は「古を考える」ことでした。昔はどうだったのだろうか、と振り返る。稽古という言葉は、「昔に手本がある」ことの象徴としてあるのです。古典を重視し、古典を手本にすることが稽古の基本であるということがよくわかる文章です。これを逆にいえば、伝統や古典を大切にしない民族は手本がなく、現行の書物だけで考え、その行動が左右されるので、非常に危ういといえます。

次の「文命四海に敷き」の「文命」は「文徳」といって「文武両道」という言葉がここから出てくるのですが、基本的に文徳とは、心の綾を読んだ思いやりを非常に重視するような文治政治を指します。つまり、禹は、教養・人間性を重視して、そういう徳を説いて、「四海」全国津々浦々までにそれを行き渡らせたのです。そして「祗みて帝に承く」堯帝を手本にして治世をした人です、といっています。

《曰く、后克く厥の后たるを艱しとし、臣克く厥の臣たるを艱しとせば、政乃ち乂り、黎民徳に敏めん。》

禹はよく「后克く厥の后たるを艱し」といっていました。「后」といえば、今は皇后・お妃を意味しますが、そもそもは「君主」のことです。したがって、ここも君主の振る舞いについて述べています。

それはどういう振る舞いかといえば、まず「后克く厥の后たるを艱しとし」。これは一般の会社の例でいえば、上司が「上司なんて簡単だよ。自分の思い通りやっていればいいんだ」などと軽々しく口にするのではなく、「上司は慎重に慎重に自分を律してやっていかないといけないから難しいんだ」という思いをいつも忘れてはいけないということをいっています。それが君主の態度だというわけです。

これとは反対に、「臣」つまり部下はどうかというと、「臣克く厥の臣たるを艱しとする」と。これも同じことで「部下であることも難しい。だから慎重に慎重に自分を戒めてやっていかなければ駄目だ」という思いを持つことが大事だといっています。要するに、君も臣も、上司も部下も、両方が慎重にやってください、ということをいつも禹はいっていたわけです。

そうすれば、「政乃ち乂り」政治や経営というものが治まっていく。そういう安定した組織を運営する基本は、上司も部下も言動に慎重になることなのです。両方がそう思っていけば「黎民徳に敏めん」多くの民は徳に勤めるようになる。つまり、民のための政治になっていくということです。

《帝曰く、兪り。允に茲の若くならば、嘉言伏する攸罔く、野に遺賢無く、万邦咸寧からん。》

舜帝は禹がそういうのを聞いて、「兪り」その通りだねといいました。「允に茲の若くならば」本当に両方が心の底からそう思っていれば、「嘉言伏する攸罔く」もっと素晴らしいことが起こるのだ、と。「嘉言」とは「人間としてとても有り難い言葉」です。今はあまり使いませんが、吉田松陰などの文章を読むとよく出てきます。また「野に遺賢無く」民間に素晴らしい人材が埋もれることもない。「野」は「民間」のことです。

だから、皆が慎重になり、徳をもって事を進めていくようになれば、献策させると良い計画や良い言葉がどんどん公になるし、人材もどんどん公になっていく。そうすると「万邦咸寧からん」自分の組織だけではなくて、「万邦」周りの諸国も皆、安らかになっていく。

《衆に稽へ、己を舎てて人に従ひ、無告を虐げず、困窮を廃せざるは、惟れ帝時れ克くす。》

「衆に稽へ」とは、一般民衆が何を欲しているのだろうかと常に考えながら政策を打っていくことです。そのときに、いろいろな人の献策を聞かなくてはいけない。どうしてもトップはワンマンになって、人の話をあまり聞かないということになりがちだけれど、それではいけない。「己を舎てて人に従ひ」とは、頑なに自分の意見に固執するのではなく、人の意見を十分によく聞くことが大事だということです。

さらに政治の要点は二つあると述べています。一つは「無告を虐げず」。「無告」とは力が弱くて、あるいは体が不自由で、訴えることができない人。そういう人に先回りして、政治が救ってあげる。「あなたはこういうことを訴えたいのでしょう」と先回りして、そういう人を救ってあげるぐらいになっていかなければいけない。もう一つは「困窮を廃せざる」で、困窮のさなかにある人を見捨てずに救ってあげる。

政治というのは、全国民を相手にするべきものですから、いろいろな声を聞かなければいけませんし、いろいろなことをやらなければいけません。しかし、ここで説かれているのは、そうやってなんでもやろうとするのではなくて、要点をしっかり押さえてください。「訴え出られない力の弱い人」と「困窮のさなかにある人」から救うこと。これこそが政治の在り方だといっているのです。

「帝、惟れ帝時れ克くす」の帝とは堯帝のことです。堯帝という方は、今述べたようなことをうまくやった人だ、と。創業者であったり、中興の祖であったり、お手本になる人がいれば、その人を見習って、リアルな感覚で受け取ることが重要なのだ、ということです。

《益曰く、都、帝徳広運、乃ち聖乃ち神、乃ち武乃ち文。》

それに対して益という人が「都、帝徳広運」堯帝の徳は広くどこまでも伸びていく、といいました。「乃ち聖乃ち神、乃ち武乃ち文」は、陰陽で説いています。まず「聖乃ち神」ですが、「聖」は通じないところがない、「神」は計り知れない。これは、「通常ではあまりキャッチできないような国の要点を掴んでいくことが必要だ」といっています。抜け穴があってはいけない、いつも三百六十度目を配り、要点をしっかり押さえて、問題を潰していく。これが「乃ち聖乃ち神」ということです。

次の「乃ち武乃ち文」の「武」は、国家に力強さがなければ敵から攻められてしまうから、武力がしっかりとあって、敵から侮られないことが非常に重要だといっています。さらに「文」は、ただ武骨に走ることなく、文化文明にも気配りできることが重要だということです。要するに、力強さと人間性というものが両方成り立っていることが大切だといっているのです。

《皇天眷命し、四海を奄有して、天下の君と為る。》

「皇天眷命し」の「皇天」とは大いなる「天」のことです。天の命令に則して、「四海を奄有して」四方をことごとく所有して、「天下の君と為る」天下をしっかり治めていくことができるのです。

ここでは「大禹謨」の基本として、政治経営の要点について述べています。ここでは、次を読んでみましょう。ここも名文です。

禹曰く、迪に恵へば吉にして、逆に従へば凶なり。惟れ影響のごとし。益曰く、吁、戒めん哉。虞る無きに儆戒し、法度を失ふ罔く、逸に遊ぶ罔く、楽に淫する罔く、賢に任じて弐する勿く、邪を去つて疑ふ勿く、疑謀成す勿ければ、百志惟れ熙らん。道に違ひて以て百姓の誉を干むる罔く、百姓に咈りて以て己の欲に従ふ罔かれ。怠る無く荒む無ければ、四夷来王せん。

禹曰く、於、帝念はん哉。徳は惟れ政を善くし、政は民を養ふに在り。水火金木土穀惟れ修り、正徳利用厚生惟れ和し、九功惟れ叙し、九叙惟れ歌ひ、之を戒むるに休を以てし、之を董すに威を以てし、之を勧むるに九歌を以てして、壊る勿からしめよ。帝曰く、兪り。地平らぎ天成り、六府三事允に治まり、万世永く頼るは、時れ乃の功なり。

●トップは全体への影響を考えて自分を律していく必要がある

《禹曰く、迪に恵へば吉にして、逆に従へば凶なり。惟れ影響のごとし。》

禹がいいました。「迪に恵へば」の「迪」は「道」の意味です。ゆえに「迪に恵へば吉にして」は、道理・道義・人道といったものに従って行えば吉なのだ。しかし、「逆に従へば凶なり」人道の逆、道理の逆に従えば凶だと。政治も経営も順調に進めようと思えば思うほど、意識しなければいけないのは、道理・道義・人道に適っているかどうかということです。それをいつも考えなさい、逆に行くと凶になりますよ、といっているわけです。

次の「惟れ影響のごとし」の「影響」とは、「影」と「響き」です。影は単独ではできませんし、響くというのも単独ではあり得ません。両方とも本体が必要です。影は本体があって、その影が出る。響くのも何か元の音があって初めて響く。「影響」というのは、そういう意味です。

これは「大元が良くなければいけませんよ」と教えているのです。大元がしっかりしていないのに、影響を受ける人たちがうまくいくことはありません。「トップあるいはトップ層のあり方が全体に影響を与えてしまう」ということをいつも考えなくてはいけない。ゆえにリーダーは、自分一人のことではなくて、全体への影響を考えて自分を律していくことが重要だということです。

●トップリーダーの七つの要件

《益曰く、吁、戒めん哉。虞る無きに儆戒し、法度を失ふ罔く、逸に遊ぶ罔く、楽に淫する罔く、賢に任じて弐する勿く、邪を去つて疑ふ勿く、疑謀成す勿ければ、百志惟れ熙らん。》

ここで初めて、具体的に政治の様態、トップが気をつけないといけないことの様態を述べています。これはリーダーの要件を示したとても重要な箇所です。では、それはどういうものなのか。

一番目は「虞る無きに儆戒し」。これは「予測しがたいことも警戒する」という意味です。何か起こったときに「予測不能であった」という言葉は、トップに就いたからには禁句なのです。予測しがたいことが起こったときにどうするかを考えておくことがトップの責務だと、真っ先にいっているわけです。これは非常に重要な指摘です。ありえないことが起こったときにどうするのか、手順や段取りをしっかりと決めておくことが重要なのです。

二番目に「法度を失ふ罔く」。これは「法や規則や規範を踏み外さないようにする」ということです。「法度」は道理・道義と言い換えてもいいでしょう。基本的に、この世の中は一つの法則、つまり正しい道理・道義から起こっています。それを教えているのが古典です。この世の中を動かす道義・道理を知ろうと思えば思うほど、古典をよく読むことが肝要です。

リーダーはそういう道理・道義を決して忘れてはなりません。自分の私欲や欲望によって法度を無視してはいけないといっているのです。

三番目に「逸に遊ぶ罔く」。これは「緊張感を失った行為をしない」ということです。順調に組織が推移していくと、どうしても安逸をむさぼるようになりがちです。創業時や逆境のときには、少々苦しくても、体がしんどくても、必死で乗り越えようとします。しかし、苦難のときを乗り越えて順調に進むようになると、だんだん安逸に慣れてしまうのです。

「逸に遊ぶ」とは、「緊張感がない」ということです。しかし、緊張感は決して失ってはいけないのです。トップはトップというポジション、それから二番手は二番手、三番手は三番手というポジションにいる緊張感を常に持つ必要があります。そういう緊張感を失わないことが重要だということです。

四番目に「楽に淫する罔く」。これは「快楽におぼれない」ということです。権力や富を手にすると、楽を求めようという気持ちになってしまいます。しかし、決して快楽におぼれないことです。快楽におぼれると、エネルギーを吸い取られてしまいます。楽しいことばかりにエネルギーを使うと、ピンチのときに力を出そうとしても出なくなります。だから、これを禁じているのです。

五番目は「賢に任じて弐する勿く」。これは「賢者を抜擢して任用したら覆らない」ということです。「任じて弐する」とは「任命をやり直す」ということで、それは安易にできることではありません。だから、ポジションの安売りをしてはいけない、といっているのです。人をよく見て「このポジションはこの人がいいだろう」と思ったときに与える。そして、与えたら我慢して使う。「期待外れだったから降格しよう」と、簡単に考えてはいけない。人事は慎重にしなければいけないということです。

六番目は「邪を去つて疑ふ勿く」。これは「悪を除いたら後悔しない」ということです。問題を取り除いて「これで大丈夫」となったら、あとは全幅の信頼を置いて部下に任すということです。

七番目は「疑謀成す勿ければ」。これは「疑わしい計画には乗らない」ということです。疑わしい計画に乗ったために会社が最悪の状態になったという例は、この世に数えきれないほどあります。だから、「疑謀」に乗ってはいけない。

以上がトップリーダーの七つの要件です。この七つの要件をしっかり守って政治や経営を行えば、「百志惟れ熙らん」リーダーの志がどんどん広まっていくのです。

●リーダーがやってはいけない二つの禁止事項

《道に違ひて以て百姓の誉を干むる罔く、百姓に咈りて以て己の欲に従ふ罔かれ。》

ここでは、リーダーがやっていないようでやっている二つの禁止事項を挙げています。まず一つ目は、「道に違ひて以て百姓の誉を干むる罔く」です。これは、道理・道義からは少々外れるけれど、そのほうが国民の人気は出るからといって、人気取りのために何かを行うことを注意しています。裏付けがないのに国民受けのいい政策を打ち出すようなことです。こういうのは一度やってしまうと後で取り返しがつかなくなります。それゆえ、厳禁であるというのです。

二つ目は、「百姓に咈りて以て己の欲に従ふ罔かれ」です。これは逆で、国民が全く望んでいないのにトップにいる人たちの欲のために何かを行うことです。これもするべきではありません。

この二つの禁止事項は、道理と国民感情の両方を重視してやっていくのが政治・経営の基本であることを教えています。

《怠る無く荒む無ければ、四夷来王せん。》

「怠る無く荒む無ければ」懸念があればそれを潰して先に進むという努力をしっかりして、軽いことでも無視しないで慎重に詰めていく。そうしていれば「四夷来王せん」四方の蛮族が押し寄せてきて国家が滅亡するようなことはない。なぜならば、隙がないから攻めるにも攻めようがないのです。国家の隙は、リーダーの心の隙から始まるものなのです。

●政治・経営の基本は「六府三事」にある

《禹曰く、於、帝念はん哉。徳は惟れ政を善くし、政は民を養ふに在り。》

禹が帝にいいました。「於、帝念はん哉」舜帝様、どうか是非を持ってください、と。「徳は惟れ政を善くし」徳は政治をよくしていきます。人道あるいは道理・道義に適って政治を進めていくというのが徳であり、それは民の心・人間の心を常に忘れないということです。それが政治をよくしていくのです。そして「民を養ふに在り」と。横井小楠は『書経』を深読みして、政治の目的は「民を養ふに在り」であるとずばり指摘しています。これは「民の幸せのお世話係になるのが政治なのですよ」といっているわけです。

《水火金木土穀惟れ修り、正徳利用厚生惟れ和し、九功惟れ叙し、九叙惟れ歌ひ、之を戒むるに休を以てし、之を董すに威を以てし、之を勧むるに九歌を以てして、壊る勿からしめよ。》

そのために政治家がなすべきことがあります。江戸時代にはこれがしっかりとできているかいないかで、善政を敷いているか、仁政を敷いているかの判断基準にしていました。ここは非常に重要な政治のチェックポイントです。

それは何かというと、「水火金木土穀惟れ修り」。幕府とか政府の「府」という字がありますが、これは「倉庫」を表しています。政府というのは、物資を蓄える倉庫が完備されていなくてはいけない。だから、「府」という字が象徴的に使われていて「政府」という名前になっているのです。

その倉庫にはいろいろな種類があります。まず「水」は水蔵です。水は絶対に欠かせません。それから「火」はエネルギー倉庫でしょう。「金」はそのまま金庫で、「木」は木材倉庫です。我々の住まいも木でできていますから、木材が常に揃っていることは必須です。さらに「土」は土木作業の資材倉庫です。何を作るにしてもすべて土木作業ですから、そういう資材がしっかりと揃っていなければいけません。そして最後の「穀」は穀物倉庫、食糧の倉庫です。

この「水火金木土穀」という六つの倉庫が揃っているかどうか。これがまず正当な政治かどうかを占う基本になるといっているわけです。

しかも、政治は次の三つのことを大切にして営まれています。それが「正徳利用厚生」です。一番目の「正徳」とは正しい徳ですから、人道・道義・道理に則して政治がいつも行われていることを示しています。すべてが人の心に沿って行われていて、そこにはトップが自分の私利私欲のためにやっていることは一つもない。常に公の徳に適っていることが第一に求められます。これを一般国民の立場でいえば、常に他者があって己があるのですから、利他の心を常に忘れないようにする。そして、自己の最善を他者に尽くし切る。それで社会は成り立っているのです。

二番目の「利用」は、よく用いるということ。この世の中に無駄なものは何一つありません。無駄が出るのは、よく用いていないからです。その最たるものが人材です。専門分野に長けている人が遊んでいるというのは、政治がきちんと行われていない証拠です。それから食糧不足も、すべてを無駄なく活用していないから生じるのだというわけです。この「利用」という言葉は、今では活用という意味でしか使われませんが、当時は「正徳」と並べられるほど重要なものだったのです。

三番目は「厚生」です。生に厚いというのは「生命尊重」ということを意味しています。儒家の思想あるいは東洋思想の基本は「命を絶対的に守り尽くす」ということでした。ゆえに、それが政治の根本でもありました。それを別の言葉にすれば、民の人生に配慮して政治が行われているということであり、飛躍のチャンスがあり余るほどあるような世の中をつくっていくということになります。

先ほどの「水火金木土穀」の六府と「正徳利用厚生」の三事を合わせた「六府三事」が政治の基本なのです。

それから、次に経営の基本が出てきます。まず「九功惟れ叙し」大いなる功績がこれを順調に進めていく。「九叙惟れ歌ひ」大いなる六府三事を中心とした政治が順調にいくと、みんなが「良い世の中だね」と歌にして言い合っていく。これを「謳歌」といいます。「之を戒むるに休を以てし」そこから外れるような人がいれば、ちゃんと守っている人に褒美をあげて正していく。それでも聞かなければ、「之を董すに威を以てし」威というもので正していく。「之を勧むるに九歌を以てして」人道・道理・道義、六府三事というものを歌に歌って、みんなが「大切だ、大切だ」と言い合うことが重要である。そうやって、「壊る勿からしめよ」政治の崩壊の芽をなくしていくのである、と。

《帝曰く、兪り。地平らぎ天成り、六府三事允に治まり、万世永く頼るは、時れ乃の功なり。》

こうした禹の提言に対して、舜帝は「その通りだ」といいました。「地平らぎ天成り、六府三事允に治まり、万世永く頼るは、時れ乃の功」皆が禹の提言を忘れずに功績・業績を上げてくれれば、国は永続するであろう、と。

この「地平らぎ天成り」という章句は「平成」という言葉の出典となっています。つまり、「平成」という元号は「六府三事」を念頭に置いて定められたのです。それゆえ私は、平成になった瞬間から、「地平らぎ天成り」というこのくだりをあちらこちらでお話しして、六府三事をなんとしてもしっかりやってくださいと喚起しました。

江戸の頃は、順当にこれをやっていました。各大藩は、本体が地震などで崩壊しても、全国の飛び地に所有していた六府に備えをしていました。どこがどうなろうといつでも完璧に準備が整っていて、蓄財がしっかりとありました。ゆえに、民は「何かあっても大丈夫だ。大きな倉庫が六つも並んでいるじゃないか」と安心することができました。

金銭・物質的に安心を与えていくということができれば、民は政治を信頼するのです。だから、「一旦緩急あっても全く慌てる必要はない」と常に示していくことが政治の信頼のためには重要なのです。さらに、「正徳利用厚生」という三事を中心として政治・経営を進めていけば万全です。皆さんも「六府三事允に治まる」ということを忘れないでいただきたいと思います。

帝曰く、格れ汝禹。朕は帝位に宅ること、三十と有三載なり。耄期勤に倦む。汝惟れ怠らず。

朕が師を揔べよ。禹曰く、朕が徳は克くする罔し。民は依らず。皐陶は邁めて徳を種て、徳乃ち降り、黎民之に懐く。帝念はん哉。茲を念ふに茲に在り、茲を釈つるに茲に在り、茲を名言するに茲に在り、允に茲を出すに茲に在り。惟れ帝功を念へ。

●後継候補は複数用意しておかなければいけない

《帝曰く、格れ汝禹。朕は帝位に宅ること、三十と有三載なり。耄期勤に倦む。汝惟れ怠らず。朕が師を揔べよ。》

舜帝がいいました。「禹よ、よく私の願いを聞き入れてくれ」と。その願いとは何かというと、「私は三十三年間もトップを務めてきた。歳をとって勤めが厳しくなってきて疲れた。そこで、お前が自分に代わり、怠ることなく次のバトンを受けてくれ」と。

「朕が師を揔べよ」の「師」とは「諸々の人間」という意味で、ここでは民、国民のことを指しています。「自分の国民を揔べよ」というのは、官僚が一つになって、力を合わせて良い国家をつくってくれ、運営してくれ、ということです。

《禹曰く、朕が徳は克くする罔し。民は依らず。皐陶は邁めて徳を種て、徳乃ち降り、黎民之に懐く。帝念はん哉。茲を念ふに茲に在り、茲を釈つるに茲に在り、茲を名言するに茲に在

り、允(まこと)に茲(これ)を出(いだ)すに茲(ここ)に在(あ)り。惟(こ)れ帝功(ていこう)を念(おも)へ。》

それに答えて禹がいいました。「朕が徳は克くする罔し」私には帝のような大きな徳がありません。したがって、徳に則った政治をすることができないので「民は依らず」自分がトップになっても民は自分を敬ってくれないでしょう。だから、私より皋陶のほうがいいでしょう。「皋陶は邁めて徳を種て」皋陶は徳の大きさ、揺るぎのなさからいえばよほど私より上です。ですから、皋陶を後継ぎにされたらどうでしょうか、と。「徳乃ち降り、黎民之に懐く」皋陶の徳は大きく高いので、トップに立てば徳が大いに国民に降り注ぎ、多くの国民が彼を慕っていくことでしょう。

「帝念はん哉」舜帝様、ぜひ考えてみてください。「茲を念ふに茲に在り」は「トップを誰に譲るかをよく考えれば考えるほど」。「茲に在り」の「茲」は皋陶のことです。ここから「茲」が頻発しますが、すべて皋陶を指しています。だから「茲に在り」は「皋陶にあります」となります。「茲を釈つるに茲に在り」一旦皋陶は考えまいとしても、結局は皋陶に戻ってきます。「茲を名言するに茲に在り」言葉に出して誰がいいかなと考えれば、すぐに皋陶の名前が出てきてしまいます。「允に茲を出すに茲に在り」自分の本当の心を正して誰が後継ぎにふさわしいかと問われれば、皋陶がいいだろうということになってきます。

「惟れ帝功を念へ」舜帝様は、あなたと同様の功績を挙げられる人を後継ぎにするべきです。

だから皋陶がよいでしょうといって、禹は皋陶を推薦するわけです。

この禹の発言をどういうふうに解釈するべきなのかというと、第一に、後継候補に挙げる人間は複数いるということです。これは大切なことです。前回、舜の組閣のやり方を読みました。全体の統率者である土木や民事の大臣（司空）は禹がいいと舜帝がいうと、禹は「いや、私よりは」といって、何人かの名前を挙げました。要するに、信頼関係のある人間がいつも複数用意されていることがトップの責任として非常に重要だということです。

誰がトップになろうと、トップ候補は複数いるということが重要で、その中から選ばれてトップになれば、今度はポジションが人をつくるということになってきます。トップの経験を積んでいくと、だんだんそれらしい人物になっていくということです。ですから、我々が心しなければいけないのは、禹しかいないというような状況をつくらないことです。皋陶もいるし、それから益という人もいるというように、何人かの候補が揃っていることが重要なのです。

ここでは禹が皋陶を推薦して、帝は禹にするか皋陶にするかを選ぶという状況になっていますが、要は、複数の候補をしっかり育てていくことがトップの責任であるといっているわけです。

さあ、それに対して舜帝はどう答えたのでしょうか。

帝曰く、皐陶。惟れ茲の臣庶、予が正を干すこと或る罔し。汝士と作り、五刑を明かにして、以て五教を弼け、予が治に期せり。刑は刑無きを期し、民は中に協はしむ、時れ乃の功なり。懋めん哉。皐陶曰く、帝の徳愆つこと罔し。下に臨むに簡を以てし、衆を御するに寛を以てす。罰は嗣に及ぼさず、賞は世に延く。過を宥すに大とする無く、故を刑するに小とする無し。罪の疑はしきは惟れ軽くし、功の疑はしきは惟れ重くす。其の不辜を殺す与りは、寧ろ不経に失せんとす。生を好むの徳民心に洽く、茲を用て有司を犯さず。帝曰く、予をして欲するに従ひて以て治めて、四方風動せしむるは、惟れ乃の休なり。

●政治の要諦はトップの目指すものを全員が理解・共有すること

実に堂々とした文章です。こういう名文は何回も読んでいると知らず知らずのうちに口から出てくるようになります。スピーチなどをするときも、整った言葉の配列がすっと出てくるようになります。

江戸時代には、六歳で藩校や寺子屋に行って四書を学び、その意味を理解したら今度はすぐさま五経に入って、『易経』を読み、『詩経』を読んで、『書経』を読みました。そのため、江戸時代の人たちの頭には名文が全部入っていました。それゆえ実に説得力のあるスピーチができたし、文章が書けたのです。

我々も暇を見つけてはこういう文章を声に出して読めばいいのです。今は「読む」というと黙読ですが、これは明治以降に盛んになったもので、江戸時代は文章を読むときは音読していました。なぜ声に出して読むのがいいかというと、視覚と聴覚を両方使うからです。それによって頭に入ってきやすくなるわけです。音読には、そういう良さがあります。ぜひ皆さんも声に出して読んでみてください。

それでは本文を読んでいきましょう。

《帝曰く、皐陶。惟れ茲の臣庶、予が正を干すこと或る罔し。》

舜帝がいいました。「皐陶。惟れ茲の臣庶、予が正を干すこと或る罔し」皐陶よ。私の臣下や民には私が説いている正しい道を犯す人がいなかった、と。道理・道義を踏んでいくことがトップには求められますが、非常に大事なのは、臣下と庶民が道理・道義をわきまえていなければ、トップが目指すような社会は成り立たないということです。自分中心の考えばかりで成り立っているような臣下や民ばかりだとしたら、トップがいくら立派なあるべき姿を掲げても、受け入れてもらえません。それゆえ、価値観の共有も含めて、道義・道理の共有化を図らなければならないのです。

正しいことを共有化するためには、教育が必要です。教育の基本は「正しいとは何か」を教えることです。また、この「正しいとは何か」を表しているのは法律です。現代では法律というと、たとえば日本国の法律というようにいいますが、当時の法とは「宇宙の法」でした。宇宙の法を別の言葉でいえば、「道理・道義」となります。

『書経』の中で、「トップはこうでなければならない」「こういうことはしてはいけない」といっていることは、すべて道理・道義に基づいています。そういうものを一つひとつ心の中に刻み込んで、道義・道理を承知していう人がトップになるのです。そして、その臣下も民も勉強を怠らないで道理・道義を心得ていると、たとえば帝が「人道に恥じず」といえば、それが何のことかよく理解して、社会がピシッと治まっていくのです。

つまり、「予が正を干すこと或る罔し」私がいっている正しいということを犯す人が少なかったというのは、政治の要諦なのです。そういう組織をつくっていかなければいけないということです。

●「仁・義・礼・智」の四徳を振るうと「信」が芽生える

《汝士と作り、五刑を明かにして、以て五教を弼け、予が治に期せり。刑は刑無きを期し、民は中に協はしむ、時れ乃の功なり。懋めん哉。》

「汝士と作り」の汝とは皐陶のことです。前回も出てきましたが、この皐陶は司法長官、法務大臣に就任して刑を司りました。「五刑を明かにして」とは、舜が帝になったときに刑罰を改変して、五刑を定めたことをいっています。それによって「五教を弼け」五教は教育大臣が主管とする分野ですが、五刑を明確にすることにより五教を授けていくようにしたというのです。これは前に出てきた五典のことをいっています。儒家の思想は、五教、五典から成り立っているため、五教をしっかり習得することが非常に重要です。それによって「予が治に期せり」私の政治に協力してくれた、と。

「刑は刑無きを期し」刑を犯す人間がいなければ刑を執行する必要はありません。そのためには、司法長官が教育大臣ともども五教を徹底的に世の中に知らしめて、何が正しいことなのかを皆が理解し、正しいことを行う人を一人でも多くしていくことです。そうすれば、刑を振るう必要がなくなるわけです。

「民は中に協はしむ」の「中に協はしむ」というのは忠誠のこと。ど真ん中の正しさを民が承知している。ど真ん中の正しさとは道理・道義のことですが、皆がそれをよく知っているということです。

次の「時れ乃の功なり。懋めん哉」は「そうなったのは、すべて皐陶、あなたの功績だ。だから、これからもどうか努力をしてくれ」ということ。皐陶の今までの功績を褒め、さらに司法長官としてこれからもしっかりやってくれと激励したのです。

《皐陶曰く、帝の徳愆つこと罔し。下に臨むに簡を以てし、衆を御するに寛を以てす。》

皐陶がいいました。「帝の徳愆つこと罔し」帝は徳というものをどのタイミングで、どう政策に活かすべきかをよくご存じで、過つことがありませんでした。さらに「下に臨むに簡を以てし」臣下に臨むときには「簡」信頼をもって臨んでおられます。

これは「信無くば立たず」ということをいっています。「仁・義・礼・智」の四徳を振るうと、「この方は立派な人だ。信頼がおける人だ」と相手の心の中に芽生えるのが「信」です。四徳を振るうと相手の心の中に信が芽生えて、「仁・義・礼・智・信」の五常になるのです。

舜帝は下に臨むのに仁・義・礼・智をもって臨んだのでしょう。それにより臣下が「この方は信頼がおける」と舜帝を信頼し、舜帝も臣下を信頼するということになるのです。このように「信が共有される」ことが重要なのです。

さらに、「衆を御するに寛を以てす」。大衆とはたくさんの人間から成り立っています。人間にはそれぞれ個性がありますから、大衆を従わせるためには、ある程度、寛大に考える必要があります。おおまかにいうと、道から大きく外れることなく、方向さえ間違っていなければそれでよし、という感じで見ていくことがなければならないのです。

この「下に臨むに簡を以てし、衆を御するに寛を以てす」という二つの態度が、トップと臣下の間、トップと民の間で非常に大切になるのですが、舜帝はそれを見事に行ってきたと皋陶はいっています。

●罰則は本人のみに科し、功績は末永く語り草にする

《罰は嗣に及ぼさず、賞は世に延く。過を宥すに大とする無く、故を刑するに小とする無し。》

皋陶は、司法長官の経験から、法を守ることの重要さがどこにあるかということを述べています。ここも非常に重要なところです。

まず「罰は嗣に及ぼさず」は、罰則を係累にまで及ぼさないということ。舜の前の時代には「嗣」後継ぎや子孫にまで罰が及ぶようにしてしまうことがあったのです。しかし、当人だけ罪に服せばいいということで、罰は一代限りにした。では、賞はどうするかというと「賞は世に延く」。功績は子孫まで語り草にするということです。良い話はずっと語り継ぐのがいいというわけです。

次に「過を宥すに大とする無く」過失は大げさにいうべきではない。なぜならば、過失は正せるからです。しかし、「故を刑するに小とする無し」。この「故」とは「故意に行う」ということです。犯意があり、常習犯になりがちな故意に行ったことは「小とする無し」見逃してはいけない。

まとめると、刑を執行するときの最大のポイントは、罰を係累にまで及ばないようにすることである、と。しかし、賞、功績については、一家がずっと誇っていけるようにしてやる。過失は正していけばいいので、大袈裟にしてはいけない。しかし、故意に行った罪は見逃さずに、しっかりと罰を与えることが重要だといっています。

《罪の疑はしきは惟れ軽くし、功の疑はしきは惟れ重くす。其の不辜を殺す与りは、寧ろ不経に失せんとす。生を好むの徳民心に洽く、茲を用て有司を犯さず。帝曰く、予をして欲するに従ひて以て治めて、四方風動せしむるは、惟れ乃の休なり。》

「罪の疑はしきは惟れ軽くし」は、確信が持てない罪は軽くするということ。「功の疑はしきは惟れ重くす」は、功績について少々疑わしいところがあっても重く評価してあげるということ。これは賞罰の与え方の基本をいっています。

次の「其の不辜を殺す与りは、寧ろ不経に失せんとす」は、多少罪を見逃してしまうところがあったとしても、「不辜」無実の人間を殺すよりはましだと思うぐらいに、刑の執行は慎重にするべきだ、と。「生を好むの徳民心に洽く」生きているということを政治の根本に置けば置くほど、簡単に死刑にはしないということが重要であって、生を好むのはすべての民が持っている共通項であるというわけです。

「茲を用て有司を犯さず」は、官吏には注意や罰を与えても首にしたり解任するということはしないで正していく。

つまり、基本的に考えなければいけないのは、命を大切にする、人生を大切にすることです。そのためにはどうすればいいかを考えるのが政治の基本なのです。

命を大切にしたいというのは、国民がこぞって思うことです。だから、政治は国民の命を大切にして、国民が生き生きとした人生を送るにはどうすればいいかを考えるところに力点を置くべきだといっているのです。

そんな皋陶の言葉に対して、舜帝はこういいました。「帝曰く、予をして欲するに従ひて以て治めて、四方風動せしむる」私は好き勝手に世の中を治めるというようなことはしない。「四方風動」は面白い言い方ですが、「風に草がなびくようにトップの意向が民に影響を及ぼす」ということです。したがって、ここは「常に自分を律していかなければいけないと心して自分を律していく。そのあり方が民のほうに流れていけば、草が風になびくように民もそれぞれ従っていくだろう」といっているのです。

国は臣下と民によって成り立っています。一家でいえば一家の長がいるし、地域でいえば地域の長がいます。そういう人たちが、「国のトップがあれほど自分を律しているのだから、自分も律していかなければいけない」と思うようになるということです。

我が国がそのようになったのは、「あなたが司法長官として国家の賞罰をしっかり治めてくれたからだ」と、舜帝は皐陶を褒めます。そして、皐陶を褒めたあとに、「やはり禹に次を担ってもらわなければいけない」という話に移るのです。いよいよ、この「大禹謨」の核心である「禹を後継者に任命する」というくだりになります。

帝曰く、来れ禹。降水予を儆む。允を成し功を成すは、惟れ汝の賢なり。克く邦に勤め、克く家に倹にして、自ら満仮せざるは、惟れ汝の賢なり。汝惟れ矜らず、天下汝と能を争ふ莫し。汝惟れ伐らず、天下汝と功を争ふ莫し。予乃の徳を懋とし、乃の丕績を嘉す。天の暦数 汝の躬に在り。汝終に元后に陟れ。人心惟れ危く、道心惟れ微なり。惟れ精惟れ一、允に厥の中を執れ。稽ふる無きの言は聴くこと勿かれ。詢はざるの謀は庸ふること勿かれ。愛す可きは君に非ずや。畏る可きは民に非ずや。衆は元后に非ずんば何をか戴かん。后は衆に非ずんば与に邦を守る罔し。欽まん哉。乃の位を有つを慎み、其の願ふ可きを敬み修めよ。四海の困窮をせば、天禄は永く終へん。惟れ口は好を出し戎を興す。朕が言再せず。

●自分の能力や業績を誇らなければ、争う人間は出てこない

《帝曰く、来れ禹。降水予を儆む。允を成し功を成すは、惟れ汝の賢なり。》

ここもつとに名高い名文で、引用される文章が多いところです。「帝曰く、来れ禹」。やはり、禹が相応(ふさわ)しいと舜帝は思ったのでしょう。「そういえば、禹よ」と禹に話を向けました。「降水」は洪水です。前回も出てきましたが、堯舜の時代の国家最大の問題は洪水でした。黄河という世界的大河の傍に都がありましたから、大雨が降るとすぐに水が溢れました。洪水は「予を儆む」自分に対する戒めとしてあった、と舜帝はいいました。

ところが、「允を成し功を成すは、惟れ汝の賢なり」禹の戦略的な治山治水構想によって洪水が治まった。それだけでなくて耕地が増えて、富んだ国土に変えることができた。これを禹が実現したのです。その詳細については次回の「禹貢」に詳しく出てきますので、そのときにお話しします。「惟れ汝の賢なり」あなたの賢明な行為によって、それが成功したのだ、と。

「克く邦に勤め」治山治水や全国規模の土地改良を行っているとき、あなたは国のために膨大なエネルギーを費やして取り掛かっていた。一方、「克く家に倹にして」自分の家の前も素通りして次の仕事場に行くくらい、私的なことは全く念頭に置かなかった。禹は、そのようにただひたすら国家のためを思って勤めたのです。もちろん家のことも心の中では思っていたでしょうが、時間やエネルギーをそこに割くことはなかったというのです。

「自ら満仮せざるは、惟れ汝の賢なり」成功しても、あなたは尊大な態度は一切取らなかった。これは、まさにあなたの賢明なところだ、と舜帝は禹を称賛します。

《汝惟れ矜らず、天下汝と能を争ふ莫し。汝惟れ伐らず、天下汝と功を争ふ莫し。》

ここから人間としての要諦を舜帝が挙げていきます。

まず「汝惟れ矜らず」「汝惟れ伐らず」というところの「矜らず」「伐らず」という二つの言葉です。最初の「矜らず」は才能や能力を誇ることであり、次の「伐らず」は功績・業績・戦績といったものを誇ることです。

禹は自分の才能・能力を誇らなかったので「天下汝と功を争ふ莫し」あなたと能力を争う人は、天下に一人も出てこなかった。人間というのは、自分の能力を吹聴する人間が一人出てくると、必ず「自分のほうが上だ」と張り合う人が現れます。能力を誇れば誇るほど、対立的な状況になってしまうわけです。その才能・能力からいって禹は誇ってもよかったのですが、決して誇らなかった。だから、能力を争おうとする人は一人も現れず、うまく治まったというのです。また、功績・業績を誇らなかったから、「天下汝と功を争ふ莫し」あなたと業績を争う人は、天下に一人も出てこなかった。

対立・区分という関係をつくるのは、自分自身なのです。賢明という言葉の中には、そういう対立・区分を起こさず、多くの人と和して、協力し共同するということが含まれています。それがリーダーとして非常に重要なところで、まさに禹がそれをやったのだといっているわけです。

《予乃の徳を懋とし、乃の丕績を嘉す。天の暦数汝の躬に在り。汝終に元后に陟れ。》

「予乃の徳を懋とし」そういうところで誇らなかったということも、あなたの徳の一つである。あなたの徳は非常に盛んであると舜帝はいって、「乃の丕績を嘉す」禹の大きな功績を褒賞して認めました。

その次に出てくる「天の暦数汝の躬に在り」という言葉は名言です。天にはこの世が滅びるまでの歴史が書かれた文章があるといわれ、それを暦数といいます。「その天の暦数を見ていくと、次のトップのところにあなたの名前がすでに書いてある」と舜帝はいいます。だから、「汝終に元后に陟れ」あなたがトップになりなさい、と勧めるのです。ここまでいわれたら誰でも「そんなものかな」と思って引き受けざるを得ないでしょう。

●リーダーは根本を繰り返し説かなくてはならない

《人心惟れ危く、道心惟れ微なり。惟れ精惟れ一、允に厥の中を執れ。稽ふる無きの言は聴くこと勿かれ。詢はざるの謀は庸ふること勿かれ。》

ここで舜帝がトップになるについての教訓を述べます。これは素晴らしい教訓で、儒教の基本中の基本になっていきます。それは次のようなものでした。

「人心惟れ危く、道心惟れ微なり」人の心はとても危ういもので、今Aといっていた人がすぐにBといい、Bといっていた人がすぐにCというというように移り変わってしまう。だから、人道・道理・道義の心といっても何も確固としたものではない。それをよく心していかなければいけないよ、と。

そういう人間を相手にするのだから、「惟れ精惟れ一」大切なことは心を込めて、そこに集中して何回も説いていかなければいけない。

佐藤一斎という江戸時代の有名な儒学者がいます。この佐藤一斎の一斎は、正しくは「いいっさい」といいます。この「いいつ」は「惟れ一」から取ったものです。「惟れ精惟れ一」を漢文では「惟精惟一」と書き、「惟一」は「いいつ」と読みます。

佐藤一斎は最初、「いいっさい」と名乗っていたのですが、言いにくいというので、後に「いっさい」に改めたのです。いずれにしても、かの佐藤一斎が自分の号にするぐらい、ここの言葉は重要だということです。

また、「允に厥の中を執れ」ですから、偏ることなく、ど真ん中の「これこそが根本だ」というところを説かなければいけない。なぜかというと、多くの人が根本を承知しているのが良い世の中だからです。百人が百人、私論を主張するとしたら、収拾がつきません。

したがって、トップの重要な働きには、「中を執る」「根本を説く」ということがあるのです。現行の社会でも、枝葉末節論ばかりが語られています。しかし、それではまとまりようがありません。まず根本をしっかり語って、皆がそれを承知することが重要なのだというわけです。

次の注意事項は「稽ふる無きの言は聴くこと勿かれ」です。熟考に熟考を重ねて出された言葉でなければ聴く必要はない。思い付きとか枝葉末節論は駄目だということです。「詢はざるの謀は庸ふること勿かれ」は、何回も何回も問いただして出てきた計画でなければ採用してはいけない、ということです。

●トップが愛されるために気をつけなければならないこと

《愛す可きは君に非ずや。畏る可きは民に非ずや。衆は元后に非ずんば何をか戴かん。后は衆に非ずんば与に邦を守る罔し。欽まん哉。乃の位を有つを慎み、其の願ふ可きを敬み修めよ。》

「愛す可きは君に非ずや」君主は民から愛されて初めて成り立つものである。「畏る可きは民に非ずや」トップが恐れなければいけないのは民だろう、と。これは、民に愛されるためには慎重に民の心を慮ることが重要だということをいっています。

「衆は元后に非ずんば何をか戴かん」しっかりしたトップがいなければ国がバラバラになるか

ら、民衆はトップに寄り集まってくる。トップを戴かなければ誰を戴くのか、と。

「后は衆に非ずんば与に邦を守る罔し」トップは、「ああ、民がいてくれるから有り難い」と思い、民は、「ああ、トップがいてくれるから有り難い」と思う。その気持ちを忘れないで、双方が承知し合う。それが立派な組織、立派な国家なのだといっています。

「欽まん哉。乃の位を有つを慎み、其の願ふ可きを敬み修めよ」自分の役割はどこにあるのか、そのポイントをよく知って慎重に慎重に治めていく。さらに、自分が願う方向を一つひとつ重点的に進めていくというようにしてやってほしい。

《四海の困窮をせば、天禄は永く終へん。惟れ口は好を出し戎を興す。朕が言再せず。》

「四海の困窮をせば」国中が困窮という状況になってしまえば、「天禄は永く終へん」天から与えられた幸いというものは長く続かない。だから、国を困窮させてはいけない。

「惟れ口は好を出し戎を興す」言葉は注意して口に出さなければいけない。言葉一つで友好関係もつくれるけれど、「戎」闘いを起こすことにもなる。

　歴史を振り返ってみても、「あのときの一言が分かれ目になった」ということがあります。一言をもって国滅ぶというように、言葉というものは慎重に慎重に出さなければいけないのです。

「朕が言再せず」もうこういうことは言わないから、しっかり身に収めてトップを務めてくれ。そう舜帝は禹にいいました。

ここまで「大禹謨」の主要なところを読んできました。ここの章句はとても大切なところで儒教の根本義が書かれていますから、何度も声に出して読んでみてください。

皐陶謨

この「皐陶謨」では、禹と皐陶の二人の問答を中心に話が進んでいきます。さっそく読んでいきましょう。

第一節

曰若古を稽ふ。皐陶曰く、「允に厥の徳を迪（＝行）へば、謨明は弼け諧にせん」と。禹曰く、「兪り。如何」と。皐陶曰く、「都、厥の身を慎み、思の永きを修めて、惇く九族を叙すれば、

庶明励翼し、邇きもの可び、遠きもの茲に在らん」と。禹昌言を拝して曰く、「兪り」と。

●徳の精神で政治を行うとはどういうことか

《曰若古を稽ふ。皋陶曰く、「允に厥の徳を迪（＝行）へば、謨明は弼け諧にせん」と。》

最初の「曰若古を稽ふ」は、前にも出てきましたが、昔語りの神職が昔を振り返って考えてみた、ということです。

皋陶がこういいました。「允に厥の徳を迪へば」トップに立つ舜帝が徳を重視して、多くの国民に振り向けようと徳に基づいて政治を行いました。「謨明は弼け諧にせん」真に民のことを思い、民の願いを推察して、徳の精神で政治を行っていけば、必ずや帝に対して民は裏切らず、助けるものです。

これがトップと民との関係の基本です、と皋陶が改めていったわけです。

《禹曰く、「兪り。如何」と。皋陶曰く、「都、厥の身を慎み、思の永きを修めて、惇く九族を叙すれば、庶明励翼し、邇きもの可び、遠きもの茲に在らん」と。》

それに対して、禹は「その通りですね」といったあと、「しかし、その内容はどういうことでしょうか?」と聞きます。

すると皋陶はこういいました。「都、厥の身を慎み」帝が帝でいるうちは大変な重責を担っているわけだから、その行動と身の処し方といったものを慎重にしてくださいい、と。

それから「思の永きを修めて」の「思いの永き」は二通りの解釈があります。一つは、「こういう国家にしたい」「こういう民の幸せを確立したい」といった自分の長年の念願を示したもの。もう一つは、「辺鄙なところにいる人にも手を差し伸べて、何か困っていることはないかと聞いてあげる」ということ。経営でいえば、トップが遠くの支社の人に定期的に電話をしてあげるようなことです。

「惇く九族を叙すれば」側近や身内が親しむようにしていけば、「庶明励翼し」民がすべて帝のために励んで働き、助けるようになります。そうすると「邇きもの可び、遠きもの玆に在らん」近くにいる者は「尊敬するトップのために協力できることはありがたいことだ」といい、遠くにいて打ち捨てられたように感じていた人も「ありがたいトップだ」と思って、「近くへ行って何かお力添えすることはできないか」という心を持つようになります。これが徳を行っていくということです、と。

《禹昌言を拝して曰く、「兪り」と。》

それを傍で聞いていた禹は「昌言を拝して」素晴らしい言葉を聞きました、そのありがたさに感謝して「兪り」その通りですね、それが大切ですね、といいました。

皐陶曰く、「都、人を知るに在り。民を安んずるに在り」と。禹曰く、「吁、咸時の若きは、帝と惟も其れ之を難しとす。人を知るは則ち哲にして、能く人を官す。民を安んずるは則ち恵にして、黎民之に懐く。能く哲にして恵なれば、何ぞ驩兜を憂へん。何ぞ有苗を遷さん。何ぞ巧言令色にして孔だ壬なるを畏れん」と。

●民の心を知り、民が安心して暮らせる社会をつくる

《皐陶曰く、「都、人を知るに在り。民を安んずるに在り」と。》

皐陶がいいました。「都、人を知るに在り」政治の基本は人を知ることにあります。政治をうまく進めるには、自分の側近をうまく使うことです。そのためには、側近一人ひとりの人物像・性格・能力を把握しておくことが大事です。さらに、民がどういう心の持ち主で、何を願っているかを知ることも重要です。ですから、広くいえば、人間を知ることが大事になるのです、と。

次に、「民を安んずるに在り」ですから、民の心を知るだけではなくて、民が安心して暮らせるような政治をし、社会をつくっていくことが大事です、と。安心な社会をつくることは、

政治が果たすべき唯一の目的ではないでしょうか、といったわけです。

《禹曰く、「吁、咸時の若きは、帝と惟も其れ之を難しとす。人を知るは則ち哲にして、能く人を官す。民を安んずるは則ち恵にして、黎民之に懐く。能く哲にして恵なれば、何ぞ驩兜を憂へん。何ぞ有苗を遷さん。何ぞ巧言令色にして孔だ壬なるを畏れん」と。》

それを聞いて、禹がいいました。「吁、咸時の若きは、帝と惟も其れ之を難しとす」確かにそうですが、それは堯帝のような名君でも、とても難しいとしたことです。

「人を知るは則ち哲にして、能く人を官す」よく人を見抜いて、一人ひとりの官吏をうまく使っていくことが大事です。「哲」は人を見抜く力で、人を知ることをいいます。部下を使うときはその人をよく見て、その人に応じて指示を出す。それを「人を官す」といいます。

「民を安んずるは則ち恵にして」民を安心させるためには、仁という愛情を施していく。「恵」というのは「仁愛」です。「黎民之に懐く」それで初めて多くの民は政治に懐くものなのです、と。

ここに「哲」と「恵」という字が出てきます。中国古典の場合には、二つがペアになっている字があります。その一つが「哲」と「恵」です。それから「愛」と「敬」もそうです。とくに、この「哲」と「恵」は、トップリーダーの心のあり方としてぜひ覚えておいていただきたいと思います。

「能く哲にして恵なれば、何ぞ驩兜を憂へん。何ぞ有苗を遷さん」驩兜も有苗も人の名前です。ともに極悪人です。民を乱し、国を乱していく存在として、ここに名前が挙がっています。「民の願いをよく知って、仁愛をもって施策を打ち出して応えていくということをすれば、民を乱して、国を乱すような極悪人も恐れるに足りない」といっているわけです。

さらに、「何ぞ巧言令色にして孔だ壬なるを畏れん」口先だけで何もしない人間の所業に負けることもない。しっかり民の心をつかんで、仁愛の心をもって、国を乱そうとする人間たちを打ち返していく。これが政治の基本だ。そこに徹しなければいけません、と禹はいったのです。

皐陶曰く、「都、亦行に九徳有り。亦其の有徳を言ひ、乃ち言はん、曰く、載は采采」と。禹曰く、「何ぞ」と。皐陶曰く、「寛にして栗、柔にして立、愿にして恭、乱にして敬、擾にして毅、直にして温、簡にして廉、剛にして塞、彊にして義。彰かに厥の常有るは、吉なる哉。日に三徳を宣べ、夙夜浚いに明むるは、家を有せん。日に厳に六徳を祇敬し、采を亮くれば邦を有せん。翕せ受け敷く施し、九徳咸事（＝立）ち、俊乂官に在り、百僚・師師・百工、惟れ時く五辰（長）に撫ひて、庶績其れ凝らん」と。

●自分を立派な人間にするための九つの実践を「九徳」という

《皋陶曰く、「都、亦行に九徳有り。亦其の有徳を言ひ、乃ち言はん、曰く、載は采采」と。》

ここに「九徳」という言葉が出てきます。トップがいつも念頭に置いて自己を訓練するべきことが九つあるのですが、これを九徳といいます。「亦其の有徳を言ひ」というのは、相手を見て「この人はどの程度の人か」と測ることをいいますが、その基準になるのが九徳です。「乃ち言はん、曰く、載は采采」の「采」は「実践」という意味です。実践につぐ実践をしなくてはいけない。これこそが九徳ですよ、と。九徳を実践するのが立派な人間になるコツであり、さらにいえば、「九徳は自分を立派な人間にする最大の実践的な徳目になるものです」と皋陶はいったわけです。

《禹曰く、「何ぞ」と。皋陶曰く、「寛にして栗、柔にして立、愿にして恭、乱にして敬、擾にして毅、直にして温、簡にして廉、剛にして塞、彊にして義。彰かに厥の常有るは、吉なる哉。」》

禹は「その九徳とはどういうものでしょうか?」と聞きました。皋陶が答えました。一番目は「寛にして栗」寛容であることはトップには非常に重要です。しかし、同時に「栗」でなくてはいけません。

「栗」とは厳しさを表しています。栗を不用意にいきなり素手で掴んだらイガイガが刺さって七転八倒でしょう。あの栗のような、針だらけの厳しさもなければだめなのです。「そうか、よしよし、わかった」と寛容なところも大事ですが、それだけではなくて、ビシッと厳しいことをいうようなところもなければいけない。そういう自分をつくれ、といっているのです。

先にもお話ししましたが、人間は陰陽の両方があって完璧になります。人の評価でも、「Aさんはどういう人ですか?」と聞いて「とっても寛容な良い人ですよ」「とても優しい人ですよ」と答えが返ってくれば、「ああ、いい人なんだな」と思います。ところが、漢籍でいう本当に立派な人物であるためには、それだけでは不満足だというのです。陰陽の両方をしっかり持っていて初めて完璧になる。それをしっかり体得することが、完璧な自分をつくる要点だといっているわけです。

そういうことで、九徳の一番目は「寛にして栗」。寛容だけれど厳しさがあるということです。この両方を養わなければいけません。

そして二番目は「柔にして立」。柔和だけれど仕事ができる。柔和で優しいところもなければいけないけれど、しかし「立」すべてが立っていかないといけない。これは「仕事ができる」ということです。柔和なだけで、誰が何を言っても「そうですね、そうですね」では物足りない。やはり仕事で自分を確立させていかなければいけない、ということです。

それから三番目は、「愿にして恭」。慎ましやかだけれど、てきぱき処理することができる。「愿」とは「慎ましやか、派手ではない」ということ。「恭」には「てきぱき処理する」という意味があります。派手さがない人はのろかったり、最後までしっかりと終わらせないといった傾向があるので、てきぱき処理するところがなければ駄目だといっています。

四番目は「乱にして敬」。事を治める能力はあるが、慎み深い。漢字には、そもそもの意味が反対の意味になって使われているものがあります。この「乱」もそうで、今は「乱れる」という意味ですが、昔は「整っていく」という意味で使われていました。絡んだ糸を編み棒でほぐしていく。その編み棒の形が「乱」という字の旁になって、「みだれを直す」という意味でした。それがいつしか「乱れる」という意味になってしまいました。ゆえに、ここの「乱」は「事を治める能力がある」という意味になるのです。

しかし、事を治める能力がある人は、自らの力を誇って、ふんぞり返ってしまうところがあります。それは駄目なので、一方に「敬」慎み深いところがなければいけない。敬神の観念を持っていなければいけないということです。

五番目は「擾にして毅」。おとなしいけれど、決断力に富んでいる。「擾」は、「おとなしい」という意味です。おとなしい人は、どうしても優柔不断になりがちです。しかし、ピシッと決めるべきところは決めなければいけないというわけです。決断力に富まなければいけない。

六番目は「直にして温」。正直だけれど、温和である。「直」は「正直」という意味です。正直だとどうしてもゴツゴツして、ともすれば人を糾弾するようになりがちです。それだけでは駄目なので、できるだけ温和になるように自分を育てていかなければならないのです。

七番目は「簡にして廉」。大まかだけれど、しっかりしている。「簡」は簡略の簡ですから、「大まか」という意味。「廉」は廉直という意味もあるように「しっかりしている」。だから、普段は大まかだけれど、ここが要点というところは、しっかり厳しくしていかなくてはいけないということです。

八番目は「剛にして塞」。意志が強いけれど、思慮深い。「剛」とは剛毅で「意志が強い」という意味です。「塞」は閉鎖されているということから「思慮深い」という意味があります。そういう両面を持つことが大事だということです。

最後の九番目は「彊にして義」。力強いけれど、道理をわきまえている。「彊」とは「力強い」という意味。腕っぷしが強いと、どうしても乱暴者になってしまいます。しかし、筋道を立て、道理をわきまえる必要がある。つまり、「義」がなければならないということです。

リーダーには以上のような九つの徳が備わっていなくてはいけない。それでないと立派なリーダーにはなれませんよ、と皐陶はいいました。「彰かに厥の常有るは、吉なる哉」この九徳が常にその人から発揮されていることが吉を招く基本なのです、と。

この九徳を備えるのは大変なことだと思います。しかし、私が出会ってきた立派な人たちには、かなり当てはまります。要するに、自分を鍛えるということは、この九徳をしっかり身につけていくということなのです。一年に一つずつ身につけていけば、九年でこういう立派な人物になれます。大変ですが、一生の財産になりますから、やってみる価値は十分あると思います。

●九徳を身につけた人のもとには優秀な人材が集まってくる

《日に三徳を宣べ、夙夜浚いに明むるは、家を有せん。日に厳に六徳を祇敬し、采を亮くれば邦を有せん。》

この前半は、「一日に三つの徳が発揮されているぐらいの人なら家を持つぐらいのことになるでしょう」といっています。後半は、「一日に厳しく六つの徳が発揮されている人ならば、国家のために働くことができますし、ゆくゆくは国家の重鎮に就任することができるでしょう」といっています。徳の数によって、できることが変わってくるわけです。徳が多くなればなるほど、大きな仕事ができるようになるということです。

《翕せ受け敷く施し、九徳咸事（＝立）ち、俊乂官に在り、百僚・師師・百工、惟れ時く五辰（長）に撫ひて、庶績其れ凝らん」と。》

九徳をすべて身につけている人であれば、「俊乂」才徳のある人が「官に在り」続々と集まってくる。どうせ仕えるのならば九徳を持っているような立派な人に仕えようと、その人を慕ってどんどん優秀な人間が集まってくる。立派な才徳のある人が「あなたに仕えたい」と自分から申し出てくるというわけです。

「百僚」は百官、諸々の官僚。「師師」は諸々の長、部門長。「百工」は自分の専門分野を持った人。「惟れ時く五辰（長）に撫ひて」そういう人たちが内閣の五長に従って、「庶績其れ凝らん」諸々の業績がスムーズに進むようになります、と。

だから、九徳を身につけることが大切なのです、といっているわけです。

「逸欲を教ふ無かれ、有邦。競競業業、一日二日、万幾。庶官を曠くする無かれ、天工は人其れ之に代る。天有典を叙づるに、我が五典に勅る。五惇せん哉。天有礼を秩づるに、我が五礼に自る。五庸せん哉。同寅協恭して、和衷せん哉。天有徳を命ず。五服にて五つながら章かにせん哉。天有罪を討つ。五刑にて五つながら用ひん哉。政事、懋めん哉懋めん哉。天の聡明は、我が民の聡明に自る。天の明畏は、我が民の明畏に自る。上下に達す。敬せん哉

有土」と。皋陶曰く、「朕が言恵れ底行す可し」と。禹曰く、「兪り。乃の言底に績す可し」と。皋陶曰く、「予未だ知思有らず」と。曰く、「賛賛として襄（＝助）けん哉」と。

●リーダーは天の代理人であることを忘れてはいけない

《逸欲を教ふ無かれ、有邦。兢兢業業、一日二日、万幾。庶官を曠くする無かれ、天工は人其れ之に代る。》

「逸欲を教ふ無かれ」トップになったら安逸に耽るとか安逸を欲することはよくない。そういうことをしない人が「有邦」国家の長になるべきです。「兢兢業業」の「兢兢」は「戒める」、「業業」は「勤しむ」ですから、自分の仕事を戒めて勤しむことが重要である。つまり、慎重に慎重に事を進めることが大事だということです。「一日二日、万幾」日々の務めを万端に行うことが重要だ、と。

「庶官を曠くする無かれ」諸々の官吏の手が空いているとか暇だとかいうのはよくありません。これは、そのポジションに相応しい人間を選択して任命することが重要だといっているのです。「天工は人其れ之に代る」本来、政治は天が行うべきことなのですが、人間が天の代理として政治を司るポジションについているのです、と。

これはすごいことをいっています。私はよく社長や部長になるという人に「天工は人其れ之に代る」と書いて渡します。これは「あなたは今日から天に代わって治めていくということを忘れてはいけませんよ」という戒めの言葉なのです。

《天有典を叙づるに、我が五典に勑る。五惇せん哉。天有礼を秩づるに、我が五礼に自る。五庸せん哉。同寅協恭して、和衷せん哉。天有徳を命ず。五服にて五つながら章かにせん哉。天有罪を討つ。五刑にて五つながら用ひん哉。政事、懋めん哉懋めん哉。天の聡明は、我が民の聡明に自る。天の明畏は、我が民の明畏に自る。上下に達す。敬せん哉有土」と。》

「天有典を叙づるに」あなたがそれを自覚してやっていれば、天が助けてくれる。つまり、「有典」父に義、母に慈、兄に友、弟に恭、子に孝という、それぞれの立場で持たなければいけない五典を秩序立てていれば、「我が五典に勑る」治めている人たちに五典がどんどん普及するように天が助けてくれるものです、と。

つまり、天に代わって自分が政治を行っているのだという自覚を強くすればするほど、天が助けるというわけです。したがって、「五惇せん哉」五典をしっかり実践することが重要です、と。

「天有礼を秩づるに」礼を説いていくことをあなたが実践すれば、「我が五礼に自る」。「五禮」にはいろいろな説がありますが、身分に相応しい礼をしっかり実践していくということです。「五[illegible]せん哉」五礼を[illegible]かり行う[illegible]とが広まっていく。これも天の助けである、と。「同寅協恭して、和衷せん哉」多くの人が五礼を守りながら「和衷」みんなが和気あいあいとした社会になる。

「天有徳を命ず」天は徳をいつも忘れないように命じています、と。

「五服にて五つながら章かにせん哉」刑法を改正して、五つの服装の刑を明らかにしなさい、ということです。これは「賞罰というものを謹んで行っていきなさい」といっています。そうすれば「天有罪を討つ」天はすべて見通すことができるから、罪を討つ助けをしてくれます。

「五刑にて五つながら用ひん哉」五刑をつつがなく用いていきなさい。「政事、懋めん哉懋めん哉」政治をそういうふうにして一所懸命、天に代わって勤めていると、天が助けをあなたに与えてくれます。

「天の聡明は、我が民の聡明に自る」天がよく聞いてよく見ていてくれるから、民も聡明になってきます。これは、治世がやりやすいということを表しています。

「天の明畏は、我が民の明畏に自る」天を畏れ、民を畏れる、これはどちらも大切に考えることが大事です。そういう姿勢で治世に臨むと「上下に達す」天も民も、皆の心が一致していく。その結果、「敬せん哉有土」国家がつつがなく理想の方向へ向かって動き出す。つまり、「天と民が一体になってあなたの政治を助けてくれるようになる」といっているのです。

《皐陶曰く、「朕が言恵れ厎行す可し」と。禹曰く、「兪り。乃の言厎に績す可し」と。皐陶曰く、「予未だ知思有らず」と。曰く、「賛賛として襄（＝助）けん哉」と。》

皐陶がいいました。「朕が言恵れ厎行す可し」ぜひ私が述べたことを徹底して遂行してください、と。禹は「兪り」その通りですね。「乃の言厎に績す可し」あなたの提言してくれたことは功績を可能にしていくことだから、ぜひ重視しなければいけませんね、といいました。

それに対して皐陶がこういいます。「予未だ知思有らず」私はこれを自分で実践したわけではありませんから、その結果はまだわかりません。しかし、間違いないものだと思います。「賛賛として襄けん哉」今申し上げたことをあなたが次々に実践していけば、私もあなたのために徹底的にお助け申し上げる所存です、と。

こういうことで、この皐陶が中心になって、これからトップになる禹をしっかりサポートするということになっていくわけです。

次は「皐陶謨」の最後のところを読みます。ここは舜帝の面前で禹と皐陶の問答が行われます。

第二節

帝曰く、「来れ、禹。汝も亦た昌言せよ」と。禹拝して曰く、「都、帝。予何をか言はん。予日に孜孜せんことを思ふ」と。皋陶曰く、「吁、如何」と。禹曰く、「洪水天を滔し、浩浩として山を懐み陵に襄り、下民昏墊す。予四載に乗り、山を随ち木を刊り、益と庶の鮮食を奏む。予九川を決して、四海に距り、畎澮を濬くして、川に距り、稷と庶の艱食鮮食を播き、有無の化居を懋遷す。烝民乃ち粒（＝定）り、万邦作（＝乍）めて乂らん」と。

●一つの問題をきっかけにして全体の改革を行う

《帝曰く、「来れ、禹。汝も亦た昌言せよ」と。禹拝して曰く、「都、帝。予何をか言はん。予日に孜孜せんことを思ふ」と。皋陶曰く、「吁、如何」と。》

舜帝が「そういえば、禹よ。あなたも何か私に昌言してくれ」といいました。すると禹は拝礼して「私は何も申し上げることはできません。また、申し上げることはありません。ただひたすら毎日自分の役割を徹底して果たすことだけを考えています」といいました。「孜孜せん」は「勤勉に働く」という意味です。

それに対して、今度は皋陶が「それはどういう意味でございますか？」と禹に尋ねました。すると禹は次のようにいいました。

《禹曰く、「洪水天を滔し、浩浩として山を懐み陵に襄り、下民昏墊す。予四載に乗り、山を随ち木を刊り、益と庶の鮮食を奏む。予九川を決して、四海に距り、畎澮を濬くして、川に距り、稷と庶の艱食鮮食を播き、有無の化居を懋遷す。烝民乃ち粒（＝定）り、万邦作（＝乍）めて乂らん」と。》

禹は何を自分の任務としたかというと、今までの流れからおわかりのように、洪水を治めるということです。かつて禹の父親の鯀は治水事業に失敗して、政治犯として遠方に島流しになり、その地で亡くなりました。禹は、自分も失敗をしたら父親と同じことになるとわかっていますから、父親の失敗を一つの教訓として、どうすればいいかということを一所懸命考えました。そして自分はもっと一所懸命に治水事業をやらなければいけないと決死の覚悟をしてこの仕事に臨んだのです。

禹はこういいました。「洪水天を滔し、浩浩として山を懐み陵に襄り」洪水は天道を乱す、つまり世の秩序も何も全部メチャクチャにしてしまいます。山も崩壊させてしまうし、丘にまで上って水害を広げていく。「下民昏墊す」国民は水に飲み込まれたり溺れたり、命を失くしたりします。「予四載に乗り」私は船、車、橇、籠の四つの乗り物に乗り、洪水を止めるために日夜戦い続けてきました。つまり、「自分は四つの乗り物を駆使して全国のあらゆる場所を回り、洪水を治めてきました」といっています。四つの乗り物を駆使しなければ、行けないところまで行って、という意味です。

そのように全国を飛び回って「山を随ち木を刊り、益と庶の鮮食を奏む」山を崩して水路を広げたり、木を切ってそこを田畑にしたり、食糧庁長官の益とともに、穀物や家畜や魚などがうまく育つように土地改良を続けています。つまり、ただ洪水を治めるだけではなくて、国民が富むような治山治水事業を行っているということです。

「予九川を決して、四海に距り」全土の川を氾濫しないようにして、水をうまく海にまで流していきました。「畎澮を濬くして、川に距り」川の流れをよくするために「畎澮」溝を深くして、水が安定して流れるようにして、「稷と庶の艱食鮮食を播き」食糧がうまく育つようにし、「有無の化居を懋遷す」採れるものと採れないもの、育つものと育たないものをはっきりさせました。

この土壌は何を育てるのに向いているのかをはっきりさせて、一定の収穫物が標準的に全国津々浦々に行き渡るようにする。要するに、交易も考えて治山治水に励んできたというわけです。

「烝民乃ち粒り」多くの民は「ここは住みにくいから安全な土地に行って住もう」と考えることがなくなりました。全土をそれなりに安全にしたから、自分が生まれ育った土地に定着した、ということです。「万邦作めて乂らん」この土地では何を作るべきかがわかった結果、名産品が生まれ、暮らしが成り立つようになりました、と。これで周辺諸国も治まるでしょう。

このように、禹は単に洪水を防ぐだけでなく、民が安心して暮らせるように全土の大改革を行ったのです。

今の禹の言葉に対して、皋陶が次のようにいいます。

皋陶曰く、「兪り。師ち昌言せよ」と。禹曰く、「都、帝。乃の位に在るを慎め」と。帝曰く、「兪り」と。禹曰く、「汝の止を安（＝按）め、惟れ幾し惟れ康すれば、其の直を弼くるもの、惟れ動き丕いに応ぜん。志を徯（＝清）くして以て上帝を昭受せば、天夫れ命を申ぬるに休を用てせん」と。

●すべての人が自分の役割を果たせば立派な組織が完成する

《皋陶曰く、「兪り。師ち昌言せよ」と。禹曰く、「都、帝。乃の位に在るを慎め」と。》

皋陶はいいました。「あなたはその通りにおやりになりました。あなたも大いに立派な言葉を吐くべきです」と。禹はそれに対してこういいました。「都、帝。乃の位に在るを慎め」と。王様は王様としての位、自分は自分としての位、多くの人が自分の役割をしっかり慎んで果たしていくことが重要です、と。

それが国家あるいは組織がうまく進んでいく基本なのです。すべての人が自分の役割をしっかりと認識して、その役割を果たしていけば、立派な組織になるということをいったわけです。

《帝曰く、「兪り」と。禹曰く、「汝の止を安（＝按）め、惟れ幾し惟れ康すれば、其の直を弼くるもの、惟れ動き丕いに応ぜん。志を徯（＝清）くして以て上帝を昭受せば、天夫れ命を申ぬるに休を用てせん」と。》

舜帝が「その通りだよ」といいました。そこで禹はこういいました。「汝の止を安め、惟れ幾し惟れ康すれば、其の直を弼くるもの、惟れ動き丕いに応ぜん」自ら指示することを控えめにして、臣下が行おうとしていることや臣下が行っていることをしっかりサポートしていけば、「其の直を弼くるもの」あなたの徳を助けていく者がどんどん増えてきて、「惟れ動き丕いに応ぜん」他の者もお互いに助け合うようになります。

つまり、王様は臣下がそれぞれの役割を一所懸命果たしているということを大いに認めて、ある程度、仕事を任せて、もし足りないことがあればサポートしていくようにする。そうすれば、全員が「ああ、王様は自分たちのことを認めてくださっているのだな」「良いときに良い助けをくださるのだな」と思って、一所懸命自分の仕事に励むようになるということです。それこそが王の指示に応じていくということにつながるのです。

さらに、「志を徯くして以て上帝を昭受せば」自分たちの最終的な目的である志をいつも念頭に置いて皆のために力を尽くしていけば、天はそれをしっかり受け止めて、「天夫れ命を申ぬるに休を用てせん」天は王の働きに感心して「これは助けてやらなければいかん」と思うようになる。そして「休」褒美を授けなければいけないと思って、天恵をどんどん与えてくれるようになる。つまり、天の助けが大いに見込めることになるのです。そういって禹は話を締め括りました。

これで「皋陶謨」は終わります。今回は「大禹謨」と「皋陶謨」の二つを読んできました。天に代わって政治を行っている古代国家の王をサポートしている臣下たちのあり方が読み取れたのではないでしょうか。

第三講　禹貢、湯誓、仲虺之誥、伊訓を読む

●国家運営の好例としてアメリカでも読まれる「禹貢」

前回は、禹という人の行いについて読んできました。禹は、舜帝の命を受けて全国の治山治水事業を行いました。古代中国の歴代王朝は黄河流域に開かれましたから、洪水をいかに防ぐかは一大問題でした。実際に黄河をご覧になれば一目瞭然ですが、「これは海じゃないのか」というぐらいの大河です。それが暴れ出すと人間の手にはとても負えません。ゆえに古代中国王朝の最大の懸案は、この暴れる川をどうやって鎮めていくかということだったのです。これは日本も全く同じことでした。

舜典でも洪水は国家的大問題でした。そしてこの問題を解決するために、鯀という禹の父親が出てきました。鯀は「九載、績用成らず」九年かかっても洪水を治めることができませんでした。それを息子の禹が見事に治めたわけです。我々は「ああ、禹は治山治水に成功したのだな」としか思いませんが、今回読む「禹貢」を初めて読んだとき、私は仰天しました。それは簡単に治山治水といえるレベルの仕事ではないのです。

この「禹貢」は、「国家を治めるとはこういうことだ」という例としてアメリカのアカデミックな場でもよく取り上げられています。『書経』の歴史区分では、ここから「夏書」に入ります。それでは早速、読んでいくことにしましょう。

禹貢

序

禹土を敷き山を随ち木を刊り、高山大川を奠む。

●国家経営の基本中の基本は耕地を広げること

この一行は、禹の業績に関して含蓄のあることが書かれています。まず「土を敷き」とは、「土地を平らにして耕地に変えていく」ということです。土地は山あり谷ありでデコボコしています。そこに田んぼや畑を作ろうとしても作ることはできません。だから、まず平地にしなければならないのです。つまり、禹はただ単に治山治水を行ったわけではなくて、耕地を広げていったのです。国土開発といってもいいぐらいの大事業です。耕地が十分に整理されていればいるほど国家は富みます。だから、耕地を増やすというのは国家経営の基本中の基本なのです。

次の「山を随ち」というのも目的は同じで、山を切り崩して平地にすることです。沢があれば、川だけを残して埋め立てて平地を多くする。日本でも徳川家康の治世の例として出てきますが、家康は利根川の付け替えをやりました。利根川は今の地図を見るとまっすぐ太平洋まで流れていますが、昔は江戸湾に入っていました。それを家康が付け替えて、農耕地が広大になったのです。これは禹の業績と全く同じです。

そして「木を刊り」木を切って水路を開く。ただ平らにするだけではなくて、水が常に不可分なく流れるようにする。水量が多すぎても少なすぎても駄目で、いつも不可分なく水に恵まれるようにしたのです。それによって「高山大川を奠む」治山治水を行ったということです。

では、具体的に土地をどのように扱ったのか、というのが次の節です。

第一節　冀州

第一節の「冀（き）州」という名称は「九州」を構成する一州のことです。禹が開いた夏王朝は、国を九つのブロックに分けて治めました。冀州、兗（えん）州、青州、徐州、揚州、荊州、予（よ）州、梁州、雍州の九州です。それが現在の中華人民共和国のどこに当たるかは表のとおりです。

その九つのブロックごとに、どういう整理をしたのかということが書いてあるのが、この

州	現在の省
冀（き）	山西・河北・河南省の一部
兗（えん）	山東・河北省
青（せい）	山東
徐（じょ）	山東・江蘇・安徽省の一部
揚（よう）	江蘇・江西・浙江・福建省の一部
荊（けい）	湖南・湖北・広西・四川・貴州・広東省
豫（よ）	河南省
梁（りょう）	陝西・四川省
雍（よう）	甘粛・陝西・青海省の一部

「禹貢」です。したがって、ここには禹の業績が明確に示されているといっていいわけです。

冀州は。既に壺口を載め、梁及び岐を治む。既に太原を修めて、岳の陽に至る。覃懐は厎に績し、衡漳に至る。厥の土は惟れ白壌なり。厥の賦は惟れ上の上にして、錯はる。厥の田は惟れ中の中なり。恒・衛は既に従ひ、大陸は既に作り、鳥夷は皮服す。夾右・碣石、河に入る。

●千年後のことまで考えて土地の改良を行う

《冀州は。既に壺口を載め、梁及び岐を治む。既に太原を修めて、岳の陽に至る。覃懐は厎に績し、衡漳に至る。》

「冀州」というのはどこをいうのかといえば、今でいう山西省、河北省です（⇒地図参照）。その「冀州」の範囲は「既に壺口を載め」壺口という山をおさめて、「梁及び岐を治む」梁山、岐山というのは東のほうにある有名な山ですが、そこもおさめる。「既に太原を修めて」太原という地域をおさめて、「岳の陽に至る」岳というのも有名な山、霍山ですが、その「陽」南に至る。

次の「覃懐」というのは地域のことで、「厎に績し」は業績が上がったということ。ですから、治山治水がうまくいって、コントロールが可能な土地になった。「衡漳に至る」の「衡」は「東西を横に流れる」という意味がありますので、漳という川が東西を流れているところまで至ったということです。

ここまでが土地の説明で、次にどこの土地をどのようにしたかということが書かれています。

《厥の土は惟れ白壌なり。厥の賦は惟れ上の上にして、錯はる。厥の田は惟れ中の中なり。恒・衛は既に従ひ、大陸は既に作り、鳥夷は皮服す。夾右・碣石、河に入る。》

「厥の土は惟れ白壌なり」ですが、これは土地の質、土壌について述べています。単に治山治水を行っただけではなくて、土壌を綿密に調べたのです。土壌がわからなければ、そこに何を植えていいのかわかりませんし、どのぐらい肥えた土地なのかもわかりません。この土地の土質は「白壌」だといっています。「壌」とは「柔らかな」という意味ですから、白く柔らかな土地であるということです。

そういう土質の土地からはどのぐらいのものが採れて、それに対して税金をいくら徴収できるかという予測までしています。「厥の賦は惟れ上の上にして、錯はる」というところです。「賦」は「税収」という意味ですから、白壌という土壌に合った作物を植えれば、その税収は「上の上」最上級だということです。

土地を上中下と三区分して、それをさらに上中下に分け、全部で九つに分類して評価しています。その中で税収として見込めるのが「上の上」というのですから、とびきり期待できるところです。また、「厥の田は惟れは中の中」とありますから、そこの田んぼは「中の中」で「平均的な場所である」といっているわけです。

次の「恒・衛」というのは恒水・衛水という川の名前です。これらの川も暴れ川で苦労していたのですが、「既に従ひ」人間のコントロールに従うようになった。扱いやすい川になったということです。

「大陸は既に作り」の「大陸」は大陸沢という巨大な沢ですが、そこも埋め立てたり沢を利用したりと、いろいろな工夫をして作物を作るようになりました。以前は「大きな沢があって不便でしょうがない」といっていたところを、耕作地にしていったわけです。

「鳥夷は皮服す」の「鳥夷」は、この辺りに住んでいる部族です。この土地は大きな鳥が群れをなしているところで、その鳥の羽をうまく使って「皮服す」衣服や掛け物や布団を作りました。この土地でできる名産品としては、これが一番良いと推奨しています。日本でも一村一品運動というものがありましたが、まさにそういう指導をしているのです。

「夾右・碣石、河に入る」夾右・碣石は山の名前です。「河」といえば、中国では黄河です。これらの山間を通って黄河へ流れる川も、流れが順調になっているということです。

こうやって、九州それぞれの土質があって、土質に合ったものを作れば、税収はどのくらいになるか、あるいは、その土地の名産品としては何を作っていくのが一番いいかという指導をする。それによって、土地が光り輝いてくるわけです。こういうものが政治なのだということを示しているわけです。

禹の開いた中国の最初の王朝である夏王朝は、今から五千年ぐらい前の紀元前三〇〇〇年ぐらいに存在しました。その時代にこれだけ土地を扱いやすく改良しておいてくれれば、今日に至るまで土地の活用がうまくいきます。千年、二千年、三千年の後まで考えて土地の改良を行うのが政治なのだということを教えてくれています。

だから、今の中国のトップもこぞって夏王朝の禹を尊敬して、政治の鑑のような扱いをしています。

第二節　兗州

第二節では「兗州」というところで禹が何をやったかという話が書かれています。

済・河は惟れ兗州。九河は既に道し、雷夏は既に沢して、灉沮は会同す。桑の土は既に蚕し、

是に丘を降りて土に宅る。厥の土は黒墳なり。厥の草は惟れ繇し、厥の木は惟れ条す。厥の田は惟れ中の下なり。厥の賦は作に貞まり、十と有三載にして乃ち同じくす。厥の貢は漆糸なり。厥の篚は織文なり。済・漯に浮んで、河に達す。

●環境を整備し、民の意欲を引き出していく

《済・河は惟れ兗州。九河は既に道し、雷夏は既に沢して、灉沮は会同す。桑の土は既に蚕し、是に丘を降りて土に宅る。》

「済・河は惟れ兗州」兗州とは済水と黄河の間の場所をいう、と。「九河は既に道し」たくさんの黄河の支流が道のように使えるようになった。つまり、運河のように川を利用して物を運ぶことができるようになったということです。

禹は物流に力を注いだのです。物品がいくらできるようになっても、それを欲しているところに運べなければ意味はありません。だから、川を利用して運搬しようと考えたわけです。

「雷夏は既に沢して」雷夏という場所がすでに沢として整備され、「灉沮は会同す」灉水と沮水を合流させた。小さな川が何本もちょろちょろ流れていると扱いにくいので、合流させて大きな川にしたわけです。これは、合流させたほうがいい川は合流させ、支流のまま置いておくべき川は置いておいたということをいっています。

「桑の土は既に蚕し」桑を育てるのに効果的な土地では養蚕が始まっている。日本でも明治の近代化は養蚕が盛んでしたが、養蚕はすでにこの時代から非常に重要であったことがわかります。『書経』にも絹（当時は帛といいましたが）という言葉が何度も出てきますが、この兗州でも養蚕業が盛んであったわけです。

「是に丘を降りて土に宅る」洪水で甚大な被害を受けた人々は丘の上で避難生活を送っていたけれど、治水に成功したため、丘を下りて平地に住めるようになった、ということです。民の恐怖を政治が駆逐したわけです。それが政治の役割なのです。この一文は、民にとって満足感に溢れた政治になったことを想起させます。

《厥の土は黒墳なり。厥の草は惟れ繇し、厥の木は惟れ条す。厥の田は惟れ中の下なり。厥の賦は作に貞まり、十と有三載にして乃ち同じくす。厥の貢は漆糸なり。厥の篚は織文なり。済・漯に浮んで、河に達す。》

「厥の土は黒墳なり」その土地の土質は黒色で肥えている。「厥の草は惟れ繇し」肥えた土地なので草が盛んに育つ。「繇し」は「盛んに育つ」という意味です。この「草」は、食物用の草もあれば、薬草もあるでしょう。漢方で使う薬草の養生は非常に重要でしたから、草の伸びが早い土地というのは貴重だったのです。さらに「厥の木は惟れ条す」木もどんどん枝が伸びていく。そんな豊かな土壌であることを表しています。

そして、「厥の田は惟れ中の下なり」田んぼの品質は中の下である。したがって、「厥の賦は作に貞まり」この土地の税収の見込みは、時々の作柄によって見たほうがいい。通り一遍に、どのぐらいと評価しないほうがいいといっているわけです。これは、この地域を治める政治の力量が試されるということです。「十と有三載にして乃ち同じくす」十三年間はそうやって税収を決めなかったけれど、十三年間かけて土地の改良を続けるうちに、兗州全体の基準と同じように定まってきた。要するに、政治が行き渡っていることを表しています。

「厥の貢は漆糸なり」生産品として非常に相応しいのは「漆糸」である。「漆」は「うるし」ですから、漆器が非常にいいというのです。また「漆」は鎧兜などにも使われています。当時、漆は大変高価なものでした。それから「糸」は生糸ですから、養蚕にも適しているということになります。

「厥の篚は織文なり」の「篚」とは「名産品」のことです。この土地の名産品は「織文」綾織りである。綾織り技術がとても発達したところであるというわけです。

「済・漯に浮んで、河に達す」済・漯というのは川の名前です。川に浮かぶというのは、流れを調節して、激しすぎず、ちょうどいいぐらいの流れになっているから、人力で漕がなくても船が進んでいくということ。それゆえ、物品の運搬に活用できるといっているのです。そして、その川はやがて黄河にまで達するといっています。

第三節　青州

海・岱は惟れ青州。嵎夷は既に略め、濰・淄は其に道す。厥の土は白墳、海浜は広斥なり。厥の田は惟れ上の下なり。厥の賦は中の上なり。厥の貢は塩・絺、海物惟び錯。岱の畎は糸・枲、鉛、松、怪石なり。萊夷は作て牧し、厥の篚は檿糸なり。汶に浮んで、済に達す。

《海・岱は惟れ青州。嵎夷は既に略め、濰・淄は其に道す。》

海と岱（泰）山との間は青州です。ここで海といっているのは、東の海ですから渤海のことです。その海と、泰山、〝泰山梁木〟（山の泰山、家の梁、頼もしくたよりになるたとえ）などと謳われる名山の泰山との間、ここが「青州」です。「嵎夷」というのは「堯典の第二節、堯、四岳を任命し、また暦を作る」に出てきました。東の方の地の意味でしたね。東の地はすでに治まった。濰・淄は川の名。これらの川もよく通じるようになった。

《厥の土は白墳、海浜は広斥なり。厥の田は惟れ上の下なり。厥の賦は中の上なり。》

土質は白い色の肥えた土地で、海辺の土地は塩分を含んでいる。田の地としては上の下。税収としては中の上だとしています。

《厥の貢は塩・絺、海物惟び錯。岱の畎は糸・枲、鉛、松、怪石なり。萊夷は作て牧し、厥の篚は檿糸なり。汶に浮んで、済に達す。》

生産品として適しているのは、塩、絺とは葛の繊維の糸のこと。海物は、海産物のこと。錯とは、錯石といって磨き石の意味。岱（泰）山の谷からは、生糸、麻、鉛、松、怪石が作られる。他所から来た人々が牧畜をはじめている。その特産品は、山繭の糸である。そして禹たちの一行は、汶水を下って済水に達した。

第四節　徐州

海・岱及び淮は惟れ徐州。淮・沂は其（＝既）に乂まり、蒙・羽は其に芸し、大野は既に豬し、東原は厎に平かなり。厥の土は赤埴墳にして、草木は漸包す。厥の田は惟れ上の中なり。厥

の賦は中の中なり。厥の貢は惟れ土の五色なり。羽の畎は夏翟なり。嶧の陽は孤桐なり。泗浜は浮磬なり、淮夷は蠙珠曁び魚なり。厥の篚は玄繊縞なり。淮・泗に浮んで、菏に達す。

《海・岱及び淮は惟れ徐州。淮・沂は其（＝既）に乂まり、蒙・羽は其に芸し、大野は既に豬し、東原は厎に平かなり。》

東方は海であり、北方は岱（泰）山、そして南方は淮水の間に位置するのが徐州です。淮・悸沂はともに川の名で、これらはすでに治まり、蒙・羽は山の名で、これらの山は植林して葉が繁茂している。大野の沢はすでに水がためられており、東原はやっと平坦な土地になったとしています。

《厥の土は赤埴墳にして、草木は漸包す。厥の田は惟れ上の中なり。厥の賦は中の中なり。厥の貢は惟れ土の五色なり。羽の畎は夏翟なり。嶧の陽は孤桐なり。泗浜は浮磬なり、淮夷は蠙珠曁び魚なり。厥の篚は玄繊縞なり。淮・泗に浮んで、菏に達す。》

土質は赤色の肥えた土地で、草木の本質は緻密である。田の土地としては上の中。税収としては中の中のレベルだとしています。

その特産品としては、五色の土といっているのは、例えば諸侯就任に際し用いる任命状に用いるなどしたのです。羽山の谷からは、夏翟というのは尾の長く美しい山雉のことです。嶧とは山の名で、陽は南ですから、その山の南の地域からは桐が産出され、泗水の水辺からは磬が産出される。磬とは石のことで、軽い石なので加工されて器になったり、時には楽器として用いられたりしました。夷水からは真珠と魚とが産品とされ、黒い上等の絹も産出されました。禹の一行は、淮水・泗水を通って菏沢に達したとあります。

ここから我々が汲み取るべきは、政治とはどういうことかということです。つまり、物事をきっちり管理して、民が意欲を持って立ち向かうようにする。民の意欲を活発にする下ごしらえをする。そういう土壌を作るのが政治なのだということを、この「禹貢」は示しています。その点で、画期的な政治論といえるのです。

湯誓

●よからぬリーダーが出ると天は次席の人間に天誅を命じる

この「湯誓」から歴史的には「商書」に入ります。「湯誓」は、湯という人物が話の中心にな

『致知』定期購読お申し込み書

太枠内のみをご記入ください

お買い上げいただいた書籍名	

フリガナ お名前		性別	男 ・ 女
		生年月日	西暦 年　月　日生
会社名		役職・部署	
ご住所 (ご送本先)	〒　　― 　自宅・会社(どちらかに○をつけてください)		
電話番号	自宅	会社	
携帯番号		ご紹介者	
E-mail	@		
職　種	1.会社役員　2.会社員　3.公務員　4.教職員　5.学生　6.自由業 7.農林漁業　8.自営業　9.主婦　10.その他(　　　)		
ご購読開始	最新号より 毎月　　冊	ご購読期間	□ 3年 28,500円(定価39,600円) □ 1年 10,500円(定価13,200円) (送料・消費税含む)

※お申し込み受付後約5日でお届けし、翌月からのお届けは毎月5日前後となります。

弊社記入欄	

お客様からいただきました個人情報は、商品のお届け、お支払いの確認、弊社の各種ご案内に利用させていただくことがございます。詳しくは、弊社ホームページをご覧ください。
初回お届け号にお支払いについてのご案内を同封いたします。

FAXでも、お申し込みできます

FAX.03-3796-2108

郵 便 は が き

料金受取人払郵便

渋谷局
承 認

317

差出有効期間
令和5年4月
30日まで
(切手を貼らずに
お出しください。)

1 5 0-8 7 9 0

584

(受取人)

東京都渋谷区神宮前4-24-9

致知出版社 お客様係 行

特 徴

1 人間学を探究して44年

過去にも未来にもたった一つしかない、この尊い命をどう生きるかを学ぶのが人間学です。歴史や古典、先達の教えに心を磨き、自らの人格を高めて生きる一流の人たちの生き方に学ぶという編集方針を貫くこと44年。『致知』は日本で唯一の人間学を学ぶ月刊誌です。

2 11万人を超える定期購読者

創刊以来、徐々に口コミで広まっていき、現在では、経営者やビジネスマン、公務員、教職員、主婦、学生など幅広い層に支持され、国内外に11万人を超える熱心な愛読者を得ています。地域ごとの愛読者の会「木鶏クラブ」は国内外に152支部あります。

3 日本一プレゼントされている月刊誌

大切なあの人にも『致知』の感動と学びを届けたい。そんな思いから親から子へ、上司から部下へ、先輩から後輩へ……

様々な形で毎月3万人の方に『致知』の年間贈呈をご利用いただいています。

4 1200社を超える企業が社員教育に採用

『致知』をテキストとして学び合い、人間力を高める社内勉強会「社内木鶏」。

現在、全国1200社の企業で実施され、「社長と社員の思いが一体化した」「社風が良くなった」「業績が改善した」など、社業発展にお役立ていただいています。

5 各界のリーダーも愛読

『致知』は政治、経済、スポーツ、学術、教育など各界を代表する著名な識者の方々からもご愛読いただいています。

ります。湯は後に殷王朝の開祖になる人です。

禹が開いた夏王朝は、禹の指導よろしく国家の基本をしっかりと築いたため、十七代もの長きにわたって続きました。しかし、王朝が永遠に続くことはなかなか難しいのです。十七代目に出てきたのが、桀王という暴虐非道な王様でした。この桀王があまりにも酷いので、天から次のリーダー、すなわち湯に天誅の命が下りました。

何度もいっているように、リーダーのポジションは天命によって与えられるものです。そしてリーダーが間違ったときには、それを正すように次席の人間に天からの指示が下ります。これを天誅といいます。二番目の人間がよからぬ王様に対して天誅を行い、世を正していくのです。

今まで読んできた通り、堯から舜への交代、舜から禹への交代は、禅譲によって行われました。「あなたが最も相応しいから、あなたが次の王をやってください」といって王位を譲り渡しました。舜も禹も前任の帝を殺して天位に上ったわけではありません。ところが、ここにきて中国古代史で初めて、天誅が行われたのです。

桀王を討ち、新たに安定した国家を開くように天から厳命された湯は恐れおののきました。天命が下ったのはいいけれど、本来、リーダーは禅譲で受け渡すべきなのに、湯は自分の仕える王を討たなければならないのです。だから、「これは大きな罪ではないか、自分は罪を犯すのか」と恐れおののくのです。クーデターとは、仮にもお世話になった主君を討つということですから、この恐れは当然でしょう。

では、湯はどのような恐れを抱き、それをどのように克服したのか。それが書かれているのが、これから読んでいく「湯誓」です。皆さんにも、いつ、どういう天命が下るかわかりません。自分の意に反する命令を受けて、多くの人のために泣く泣く行わなければならないといったこともあるかもしれません。そういうとき、どのように心を整理すればいいのかということを学んでいただければと思います。

王曰く、「格れ爾衆庶。悉く朕が言を聴け。台小子敢へて行（＝枉）に乱を称ぐるに非ず。有夏多辠にして、天命じて之を殛せしむ。今爾有衆、汝曰く、『我が后、我が衆を恤まず、我が穡事を舎きて、割ぞ正つ』と。予惟れ汝衆の言を聞くも、夏氏辠有れば、予上帝を畏る。敢へて正たずんばあらず。今汝其れ乃ち曰はん、『夏の辠其如台』と。夏王、率に衆力を遏して、率に夏邑を割す。有衆率に怠つて協せずして、曰く、『時の日曷か喪びん、予と汝と皆に亡びん』と。夏徳玆の若し、今朕必ず往かん。爾尚くは予一人を輔け、天の罰を致せ。予は其れ大いに汝に賚へん。爾信ぜざるなかれ、朕は言を食らず。爾誓言に従はざれば、予則ち汝を奴戮して、赦す攸有る罔からん」と。

●王を討つ正当性を民の面前で明らかにした「湯誓」

《王曰く、「格れ爾衆庶。悉く朕が言を聴け。台小子敢へて行（＝枉）**に乱を称ぐるに非ず。》**

クーデターを起こすわけですから、多くの人民に対して自分の正当性を明らかにしなければいけません。そこで「私は天に誓い、民に誓います」と自らの思いを告げたものが、この「湯誓」です。

「王曰く」の「王」とは湯のことです。湯はこういいました。「格れ爾衆庶」諸々の人民よ、集まってくれ。「悉く朕が言を聴け」これから私が皆さんに申し上げることをよく聴いてほしい。「台小子」は自分を卑下して「小子」といっています。「台小子敢へて行に乱を称ぐるに非ず」私は自分の欲に絡まれて、今、君主を討つという乱を起こすのではない。つまり、自分の邪な感情から行うわけではない。そこをよく理解してほしい、といっているのです。

《有夏多辠にして、天命じて之を殛せしむ。》

では、どうして君主を討つのか。「有夏多辠にして」夏の国を開いた禹は名君であった。しかし、十七代続いてくるにしたがって禹の意向が衰退し、桀王に至って最悪の状態に陥り、罪深い国になってしまった。だから、「天命じて之を殛せしむ」天が私に「桀王をこらしめて、国を正さなければいけない」と命じられた。

《今爾有衆、汝曰く、『我が后、我が衆を恤まず、我が穡事を舍きて、割ぞ正つ』と。予惟れ汝衆の言を聞くも、夏氏辠有れば、予上帝を畏る。敢へて正たずんばあらず。》

「今爾有衆」皆は私に対して、「汝曰く」こういうだろう。「『我が后、我が衆を恤まず、我が穡事を舍きて、割ぞ正つ』と」。あなたは我々民を憐れむことなく、「穡事」農耕の務めを置き去りにしてまで、なぜ桀王を討たなければならないのか、と。

当時は職業軍人がいませんでしたから、戦いになると民を徴集していました。すると、その間は一家の働き手がいなくなるため、農業がなおざりになってしまいます。「そうまでして、今どうして兵役につかなければならないのか。なぜ討たなければならないのか」と皆はいうだろうと、民の疑問を先取りしているわけです。

「予惟れ汝衆の言を聞くも」私はそういう言葉をよくよく聞いている。しかし、「夏氏辠有れば」あまりにも夏王朝の現状は罪深すぎる。だから天が私に「早く桀王を討って世を正せ」という天命を下された。「予上帝を畏る」それを私がグズグズしているということは、天命に背き、今度は私が罪人になってしまう。私はそれをとても恐れているのだ。

したがって、「敢へて正たずんばあらず」なんとしても正さなければいけない。それが私の今の責務なのだ。

《今汝其れ乃ち曰はん、『夏の辠其如台』と。夏王、率に衆力を遏して、率に夏邑を割す。有衆率に怠つて協せずして、曰く、『時の日曷か喪びん、予と汝と皆に亡びん』と。》

「今汝其れ乃ち曰はん、『夏の辠其如台』と」こういう人もいるだろう。「夏の王の罪というのはどういうものなのですか?」と。どういう罪があるから討とうとしているのかと思う人もいるだろう、と。その疑問に対して、湯はこう答えました。

「夏王、率に衆力を遏して」夏王は民の力を自分の私利私欲のために使い尽くしている。民が疲弊してしまうぐらい、自分の欲のために使っている。「率に夏邑を割す」こんな国には住めないといって、民が続々と村を離れてしまい、夏の村は崩壊している。

「有衆率に怠つて協せずして」多くの人々は王に協力することを拒んでいるが、かといって逃げ出すこともできない。「曰く、『時の日曷か喪びん、予と汝と皆に亡びん』と」そして、こういっている。「こんなひどい国はいつか亡びるだろう。私はもう国と同時に滅んでいくしかないんだ」と。

《夏徳茲の若し、今朕必ず往かん。爾尚くは予一人を輔け、天の罰を致せ。予は其れ大いに

汝に賚へん。爾信ぜざるなかれ、朕は言を食らず。爾誓言に従はざれば、予則ち汝を奴戮して、赦す攸有る罔からん」と。》

「夏徳茲の若し」夏の徳は最初の頃は素晴らしかったけれど、今はご覧の通りである。だから、「今朕必ず往かん」私はこれから行ってそれを正さなければいけない。

「爾尚くは予一人を輔け」の「予一人」はへりくだった言い方です。自ら謙遜して「なんとか皆に自分を助けてもらいたい」といっているわけです。そして「天の罰を致せ」皆で桀王に天罰を下そうではないか、と。

「予は其れ大いに汝に賚へん」それは天の意向に沿って正すわけだから、桀王を討った暁には、私はみんなに褒美を取らせよう。

「爾信ぜざるなかれ」どうか私を信じてくれ。「朕は言を食らず」は、漢文で「朕不食言」と書きます。「食言」という言葉は今でも使うことがありますが、一旦口に出した言葉をもう一回食べてしまうということから「前言取り消し」という意味になります。これはトップが一番やってはいけないことです。ゆえに、ここは「私は絶対に口にした言葉を取り消すようなことはしない。だから、信じてくれ」といっているわけです。

「爾誓言に従はざれば、予則ち汝を奴戮して、赦す攸有る罔からん」私がこれほど言っているのだから、もしもあなたたちが私の誓いを理解してくれないのであれば、それなりの罰を与える。決して許すことはしない。だから、ぜひ、皆に与えられた仕事として桀王を討とうではないか、といっているわけです。

「天命に即して自分は桀王を討つのだ」と断言するところに迫力を感じます。これが自分の正当性を表す一つのポイントになると思います。自分でそうやって大衆に対していったのから、それは完遂しなければならないということなのです。

仲虺之誥

湯王(とうおう)は心の優しい人だったのでしょう、桀王を討った後も、「本当に討ってよかったのだろうか。自分は罪を犯したのではないか」と疑心暗鬼になりました。その悩む湯王を見た仲虺(ちゅうき)という側近が湯王を奮い立たせようと、一生懸命励ましました。

しかし、「あなたは間違っていません。正しいことをしたのです」といっても、トップが「ああ、そうか」と納得しなければ意味がありません。湯王が「自分は正当なことをしたのだ」と納得できるだけのロジックがなければいけないのです。

では、仲虺はどのようにして湯王を励ましたのか。それが書かれているのが「仲虺之晧」です。湯王の心を勇気づけ、励ます言葉です。

成湯桀を南巣に放ち、惟れ徳に慙づる有り。曰く、予来世台を以て口実と為さんことを恐る。仲虺乃ち誥を作りて、曰く、嗚呼、惟れ天民を生じて欲有り。主無ければ乃ち乱る。惟れ天聡明を生じて時れ乂めしむ。有夏昏徳、民塗炭に墜つ。天乃ち王に勇智を錫ひ、万邦に表正し、禹の舊服を纘がしむ。茲に厥の典に率ひ、天命を奉若す。夏王罪有り、上天を矯誣して、以て命を下に布く。帝用て臧しとせず、商を式て命を受けしめ、用て厥の師を爽かにせしむ。

●桀王討伐に疑念を抱く湯王を側近が励ます「仲虺之誥」

《成湯桀を南巣に放ち、惟れ徳に慙づる有り。曰く、予来世台を以て口実と為さんことを恐る。》

「成湯桀を南巣に放ち」成湯とは湯王のことです。湯は桀を南巣という土地に追放しました。しかし、「惟れ徳に慙づる有り」自分の行為は徳に恥ずることではないのかと悩みました。その悩みとは、「予来世台を以て、口実と為さんことを恐る」私は来世の人たちに、「あの湯だって王を討ったではないか」と君主を討つ口実を作ってしまったのではないかと恐れているのだ、というのです。

《仲虺乃ち誥を作りて、曰く、嗚呼、惟れ天民を生じて欲有り。主無ければ乃ち乱る。惟れ天聰明を生じて時れ乂めしむ。有夏昏徳、民塗炭に墜つ。天乃ち王に勇智を錫ひ、万邦に表正し、禹の舊服を纘がしむ。》

それに対して、仲虺が「誥」励ましの文章を作って、「自分を疑う気持ちになったときにはこれを読んでください」というわけです。それには次のようなことが書いてありました。

「嗚呼、惟れ天民を生じて欲有り」天が人間を地上に降ろして民を生んだときに、民たちに欲というものを与えました。「主無ければ乃ち乱る」だから人間には皆、欲があり、欲と欲がぶつかり合ってすぐに乱れが生じてしまうので、君主というものを置きました。それが人間の社会です。「惟れ天聰明を生じて時れ乂めしむ」天は聡明な人間をずっと見ていて、「この人がいい」という人物を君主にさせて国を治めさせるのです。

「有夏昏徳」夏の徳は真っ暗で地に墜ちてしまいました。「民塗炭に墜つ」民は塗炭の苦しみを味わっています。「天乃ち王に勇智を錫ひ」だから、天は次の王にあなたを選び、勇気と知恵を与えたのです。それはあなたに桀王を討ってもらうために天が与えたものです。

「万邦に表正し」多くの国々に、あなたは「これからこういう理由で桀王を討ちます」と表明しました。「禹の舊服を纘がしむ」それは夏王朝の初代の禹の政治に戻すためです。あなたは欲にかられて王になろうというのではなくて、禹の王朝に戻す役割を担うだけです。自分が満足して、自分のために国を使うような気持ちは、あなたには全くありません。「禹の舊服」天は禹の偉業をあなたに継がせたのです。それをよく理解してください、というわけです。

《茲に厥の典に率ひ、天命を奉若す。夏王罪有り、上天を矯誣して、以て命を下に布く。帝用て臧しとせず、商を式て命を受けしめ、用て厥の師を爽かにせしむ。》

「茲に厥の典に率ひ、天命を奉若す」ここに天典に従って天命が下ったのです。それは大したものではありませんか。

「夏王罪有り」夏王には罪がありました。その罪は単なる罪ではなくて、「上天を矯誣して、以て命を下に布く」天を騙って、あることないことをいい、それが天の命令だと民に命じていくような重い罪です。

こういう人はよく会社でもいます。「これは私がいっているのではなくて、社長がいっているんだ」といって自分に都合の良いことを通してしまう人がいます。それが一番罪深いのです。

「帝用て臧しとせず」天帝は「これは困ったものだ。早く討ってくれなければ困る」と、「商を式て」商は湯王の国の正式の名前です。これが後に殷に変わるわけです。「商を式て命を受けしめ、用て厥の師を爽かにせしむ」商に天命を授けて、湯王に帝位を与えたのです。

仲虺はこのようにいって湯王を励ましました。仲虺の励ましはさらに続きます。

賢を簡にし勢に附く、寔に繁く徒有り。我が邦を有夏に肇むるや、苗の莠有るが若く、粟の秕有るが若し。小大戦戦として、非辜を懼れざる罔し。矧や予の徳言、聴聞するに足るをや。惟れ王声色を邇づけず、貨利を殖せず。徳に懋めるは官に懋めしめ、功に懋めるは賞に懋めしむ。人を用ふるは惟れ己のごとくにし、過を改むるに吝ならず。克く寛に克く仁に、信を兆民に彰かにす。乃ち葛伯餉に仇す。初めて征すること葛自りす。東征すれば西夷怨み、南征すれば北狄怨む。曰く、奚ぞ独り予を後にすると。徂く攸の民、室家相慶して、曰く、予が后を徯つ。后来らば其れ蘇せんと。民の商を戴く、厥れ惟れ舊しき哉。

●従うことを皆が喜ぶようなリーダーでなければならない

《賢を簡にし勢に附く、寔に繁く徒有り。我が邦を有夏に肇むるや、苗の莠有るが若く、粟の秕有るが若し。小大戦戦として、非辜を懼れざる罔し。》

これも名文です。「賢を簡にし勢に附く」この世では賢人が必ずしも認められません。「勢に附く」とは、何しろ威勢がよくて力があるところに支持が集まっていくということです。本当はこの人が正しいと思っても、そういう賢人よりも威勢がよくて力がある人に付く。権勢になびいてしまうのです。「寔に繁く徒有り」それが一般の民の姿勢です、といっています。

「我が邦を有夏に肇むるや」ですが、湯王は桀王の下にいた諸侯の一人でしたから、桀王を戴いているわけです。したがって、商という我々の国も夏の支配下にあります、と。「苗の莠有るが若く、粟の粃有るが若し」苗の間に生えた雑草をつまびき、実が入っていない粟を間引くように、桀王にとって我々は目障りな存在でした。つまり、善政を敷いている賢明な王が諸侯の中にいると、下手をすると帝位を乗っ取られてしまうかもしれない。「そうなる前に間引いてしまえ」と、桀王から間引かれる恐怖が何回もあったというわけです。

「小大」上から下まで、「戦戦として、非辜を懼れざる罔し」。「非辜」は「無実の罪」です。要するに、無実の罪を着せられて討伐されてしまうのではないかと、皆、恐れていた、と。桀王の下では、そういう理不尽なことがいつ起こるかわからなかったのでしょう。


《矧や予の徳言、聴聞するに足るをや。惟れ王声色を邇づけず、貨利を殖せず。徳に懋めるは官に懋めしめ、功に懋めるは賞に懋めしむ。人を用ふるは惟れ己のごとくにし、過を改むるに吝ならず。克く寛に克く仁に、信を兆民に彰かにす。》

「矧や予の徳言」我々の商の国で行われている政治がいい政治だったので、「聴聞するに足る」多くの人が話を聞いて憧れるようになってしまいました。これは桀王からすれば目障りということになってしまいます。

どうしてそういう良い国になったかというと、「惟れ王声色を邇づけず」湯王が色欲を好まず、清廉潔白で生きておられたからです。そして「貨利を殖せず」自らの富を蓄積するようなことをしなかったからです。

さらに、「徳に懋めるは官に懋めしめ」徳の優れた人間にはそれにふさわしい官職を与えましたが、「功に懋めるは賞に懋めしむ」功績があった人間には位を与えるのではなく、金銭などの賞を与えて報いました。

つまり、マネージメントができる人徳のある人を官位に就けて、業績を挙げた人は報奨金で対応するという人事を行ったわけです。これと同じ意味の言葉が、西郷南洲の『南洲翁遺訓』の第一条に出てきます。人事とは、そうあらねばならないということで使われていますが、非常に重要な言葉です。

「人を用ふるは惟れ己のごとくにし」人からの意見は自分を思ってくれているのだろうと考えてちゃんと聞き、「過を改むるに吝ならず」自分が間違っていれば常に改めていく。「克く寛に克く仁に」寛大で愛情があって、「信を兆民に彰かにす」信頼に足る王であったからです、と。

《乃ち葛伯餉に仇す。初めて征すること葛自りす。東征すれば西夷怨み、南征すれば北狄怨む。

曰く、奚ぞ独り予を後にすると。徂く攸の民、室家相慶して、曰く、予が后を徯つ。后来らば其れ蘇せんと。民の商を戴く、厥れ惟れ舊しき哉。》

「葛伯餉に仇す」というのは有名な話があります。農民が朝早くからお昼まで働く。お昼になると、弁当を運ぶ役の人が皆の弁当を背負ってきて「さあ、お弁当だよ」と声をかける。すると農民は皆、「ああ、弁当だ、弁当だ」と喜びます。お昼ごはんが農民たちの唯一の生きる楽しみだったからです。

　ところが、この弁当運びを各地で桀王の部下の役人が襲い、弁当を奪ってしまうという事件が頻発しました。それを知った湯は「これは放っておけない。今すぐ立たなければ駄目だ」といって「初めて征する」最初に成敗に向かったのが葛伯、葛は国の名ですから、葛の国の役人のところだったというのです。

「東征すれば西夷怨み、南征すれば北狄怨む」あなたが東へ攻めていけば、西の人たちは「どうして自分たちのところに来てくれないんだ。早く来てほしい」といい、南に攻めていけば、北の人たちは「どうして自分たちのところに来てくれないんだ。早く来てほしい」といいました。「奚ぞ独り予を後にする」そして皆がいうには「どうして私のところを後にするのだ。早く私のところから攻めに来てくれ」と。

「徂く攸の民、室家相慶して」我々が行くところの民は、一家を挙げて「よく来てくださった」と喜びました。「予が后を徯つ」皆があなたを待っていたじゃありませんか、と。

　これはとても重要なことです。民から「早く来てくれ、早く来てくれ」といわれるような政治でなければならないのです。企業でも会社を買うM&Aという行為が認められていますが、「あんな人に買われたら大変だ」といわれるようなM&Aはうまくいきません。「ぜひ買ってほしい。ああいう会社の一員になりたい。ああいうトップの下で働きたい」というような経営者であってこそ、M&Aは意味を持ってくるのです。

「后来らば其れ蘇せんと」あなたが来てくれれば国が蘇生する、と。「民の商を戴く」民が商の君であるあなたを待ち望んで、「ああ、来てくれた。ありがとうございます」と大歓声を上げて、迎え出ました。「厥れ惟れ舊しき哉」それは多くの民が長い間、望んでいたことです。

　あなたはこのように皆に望まれて桀王を討ったのだから正当なのですよ、と仲虺はいったのです。こうして仲虺は湯王の疑心暗鬼を正しました。実に良い部下です。

賢を佑け徳を輔け、忠を顕し良を遂げ、弱を兼ね昧を攻め、乱を取り亡を侮り、亡を推し存を固くすれば、邦乃ち其れ昌なり。徳日に新なれば、万邦惟れ懐き、志自ら満つれば、九族乃ち離る。王懋めて大徳を昭かにし、中を民に建てよ。義を以て事を制し、礼を以て心を制し、裕を後昆に垂れよ。予聞く、曰く、能く自ら師を得る者は王たり。人己に若く莫しと謂ふ者

は亡ぶ。問を好めば則ち裕に、自ら用ふれば則ち小なりと。嗚呼、厥の終を慎むは惟れ其れ始のごとくせよ。有礼を殖し、昏暴を覆し、欽んで天道を崇び、永く天命を保て。

●世の必然に抗わないことが国家繁栄の道

《賢を佑け徳を輔け、忠を顕し良を遂げ、弱を兼ね昧を攻め、乱を取り亡を侮り、亡を推し存を固くすれば、邦乃ち其れ昌なり。》

「賢を佑け徳を輔け」賢人を引き立てて徳のある者を助け、「忠を顕し良を遂げ」忠義の者を抜擢して良識のある人を位に就け、「弱を兼ね昧を攻め」弱い者は弱い者同士協力させ、愚かな者は改めさせ、「乱を取り亡を侮り」乱れているところは正し、亡びそうなところは放っておいて、「亡を推し存を固くすれば」亡びるなら亡ぼしてしまい、存立すべきものは存立させる。その見極めをしっかりすれば、「邦乃ち其れ昌なり」我が国は非常に栄えるでしょう。

これは人間を対象にいった言葉だと解釈してもいいでしょうし、国家を正していくときの様態として読んでもいいでしょう。亡びようとしているところを無理に強化しようとしても、かえって弊害が出てくる。亡びるのにはそれだけの理由があるのだから亡びさせてしまえばいい。また存立しようとしているものは優先的に引き立てて、しっかり存立させていく。これは世の必然を表しています。

《徳日に新なれば、万邦惟れ懐き、志自ら満つれば、九族乃ち離る。王懋めて大徳を昭かにし、中を民に建てよ。義を以て事を制し、礼を以て心を制し、裕を後昆に垂れよ。》

「徳日に新なれば」この一句は湯王が沐浴のたらいに刻んで座右の銘にしたという、有名な湯の盤銘の「苟に日に新にせば、日日に新に、また日に新なり」という言葉を思い起こさせます。

毎日毎日、なぜ朝が来て夜が来るのか、区切りがついているのかといえば、一日一日、一区切り、明日に持ち越さないで、明日は明日のまた新鮮な一日が始まるというふうに思ってやっていかなければいけない。日に新たになれば「万邦惟れ懐き」多くの人が懐いていきます。

「志自ら満つれば」自分の思い通りに物事がトントン行き始めるのはよさそうですが、実はここから堕落が始まります。つまり、自分の力だけでうまくいっているかのような錯覚に陥って、鼻が高くなり、自慢するようになっていきます。そういう状況になると、「九族乃ち離る」側近や身内の者も離れていってしまいます。

「王懋めて大徳を昭かにし」王というものは大きな徳を明らかにするように努め、「中を民に建てよ」どちらに与するところもない真ん中を取っていくことが大事です。この「中」には「中庸」という意味だけでなく、「健全な心、清く美しい心」という意味もあります。また、「陰と陽を乗り越えたところにあるもの」という意味もあります。つまり、分け隔てなく厳正中立を心がけ、節度のある社会こそが素晴らしい社会なのだといっているのです。

「義を以て事を制し」筋道がしっかり立った正義・道義、つまり誰しもがおかしいと思うことは引っ込めて正していくような姿勢で事を進めていく。

「礼を以て心を制し」傲慢になったり、安逸をむさぼって豪勢な物を欲するような心になったときには、自らへりくだり、周りに感謝をして、「浮ついた心でいてはいけない」と思う。

「裕を後昆に垂れよ」の「裕」は義や礼によって生ずる心の豊かさ、安定感です。そういうものを子孫までにも残すことが重要なのです。

●自ら師を求め、学び続けることがリーダーには欠かせない

《予聞く、曰く、能く自ら師を得る者は王たり。人己に若く莫しと謂ふ者は亡ぶ。問を好めば則ち裕に、自ら用ふれば則ち小なりと。嗚呼、厥の終を慎むは惟れ其れ始のごとくせよ。有礼を殖し、昏暴を覆し、欽んで天道を崇び、永く天命を保て。》

「予聞く」私は次のように聞いています。この「予」とは仲虺のことです。

「能く自ら師を得る者は王たり」王となる人は自ら手本を得ることが重要です、と。自分はこの人を師とする、あるいは、この書を師とする。そういったものを得た人が王になるということです。師を得るというのは、リーダーが必ず持たなければいけない必須の考え方です。

その反対に、「人己に若く莫しと謂ふ者は亡ぶ」ですから、「自分に及ぶような者は誰一人いない。最近は学ぶこともない」と、口に出さなくてもそういう境地になった瞬間に足をすくわれてしまう。それゆえ、「自分はまだ足りない、こういうところはもっと鍛えなければいけない」と、いつも課題を持って、生きている限りは学び続けることが大事なのです。

そして学ぶには師が必要ですから、結局、「自ら師を得る者は王たり」ということになるわけです。「もう学ぶものは何もない」といった瞬間に、自分は下降線をたどっていると考えなければいけないのです。

「問を好めば則ち裕に」知らないことを人に問いかけることを好めば余裕が出てくる。ですから、余裕綽々（しゃくしゃく）という心になりたいと思えば、常に疑問を持って問い続けることが大切だということになります。逆に、「自ら用ふれば則ち小なりと」自分勝手に自分の考えだけで行ったとすれば、自分をどんどん小さくしてしまう。

「嗚呼、厥の終を愼むは惟れ其れ始のごとくせよ」何事も始めたときは慎重なのですが、それが最後まで継続しないことが実に多いのです。そうならないためには、最初の慎み深さをずっと忘れずに持ち続けて、最後までしっかり成し遂げることです。さらに、終わったとしても、「まだ何か足りないところがないか」と考えることが重要なのです。

「有禮を殖し」の「有礼」は「礼儀正しい行為」とか「礼儀正しい人」を指します。「しっかりと礼儀正しくしている。偉い人だな」というようなことを、本人に告げ、周りにもいって盛り立てる。それが「有礼を殖し」です。「昏暴を覆し」はその反対で、乱暴者は正すということ。「君はいい素質を持っているのに残念だね。そういう乱暴な考え方を持っていると困るから、粗暴にならないように気をつけて、自分の良さをもっと発揮してみてはどうだろうか」というように忠告をする。

「欽んで天道を崇び、永く天命を保て」この天と地の間には義と理からなる一筋の天道が貫かれているのだから、それを貴ばなければなりません。自分の身を挺して、それをしっかりさせていくような暮らし方をし、自分が持って生まれてきた天命をいつも忘れずに果たしていくことが重要なのです。

ここまで読んできたように、この「仲虺之誥」は湯王の側近の仲虺が王の悩みを覆させ、勇気を与えるために、「あなたは正当なことをやったのですよ」と励ましてあげるという内容でした。激励し、鼓舞する方法というものが学べるのではないかと思います。

伊訓

●ベテランの側近が年若い王に「王の心得」を説いた「伊訓」

話は先へ進みます。紀元前一六〇〇年に湯の建国した殷王朝が成立します。湯には太丁（たいてい）・外丙（がいへい）・仲壬（ちゅうじん）という三人の子供がいました。しかし、次男の外丙、三男の仲壬は早くに亡くなり、長男の太丁だけが残りましたが、この太丁もやがて亡くなってしまいます。そこで、湯が亡くなった後、湯の長男である太丁の息子、湯の孫である太甲（たいこう）が後継となることが決まりました。しかし、太甲は十分な帝王学も受けておらず、心もとない。そこで、伊尹（いいん）という湯王の側近が必死になって太甲を教育し、支えました。

そもそも伊尹とはどのような人物かといえば、伊尹は、湯王に惚れ込んでいました。まだ湯王が桀王を討つ前に湯の政治を見て、野に下っている一介の人間であったにもかかわらず、なんとか湯王に近づきたいと思っていました。たまたま有莘（ゆうしん）という地域の長に仕えているときに、絶好のチャンスがやってきました。有莘の娘が湯王の妃になるというのです。そこで伊尹は率先して、「私はいささか料理の腕前に自信があります」といって、料理人として宮廷に入り込むのです。

そのうち、湯王と懇談する機会が出てきました。いろいろ話をしているうちに湯王は「凄い人物だ。料理人にしておくのは勿体ない」といって、伊尹を自分の側近に引き立てました。それ以後も、次から次へと難題をこなし、名宰相といわれるようになりました。

伊尹は、湯王の三人の息子が早逝し、まだ若い太甲を盛り立てるためには自分が頑張らなければ駄目だと、太甲に対して訓示を垂れました。先に見てきた仲虺は、下から見ていて若干自信を失っていた湯王に「自信を取り戻してください」といって文章を奏上しましたが、伊尹の場合は上から、つまり湯王の側近中の側近であった人間が太甲という年若い王様をサポートするという形ですから、状況はずいぶん違います。

創業者に仕えてきたベテランの側近が、新しくトップに就いた若い社長をサポートするという図柄を思い浮かべていただくとわかりやすいと思います。

これから読む「伊訓」は、王朝の存続を心から願うベテランの側近が、ものを知らない年若い後継者に王としての心得を説いたものです。そういうときに何を述べるべきなのかがとてもうまく書かれています。早速読んでいきましょう。

惟れ元祀十と有二月乙丑、伊尹先王を祠る。嗣王を奉じ、祗みて厥の祖に見えしむ。侯甸の羣后咸在り。百官己を総べて、以て冢宰に聴く。伊尹乃ち明かに烈祖の成徳を言ひて、以て

王に訓ふ。曰く、嗚呼、古有夏の先后、方に厥の徳を懋め、天災有る罔し。山川鬼神も、亦寧んぜざる莫く、鳥獣魚鼈に曁ぶまで咸若ふ。其の子孫に于て率はず。皇天災を降し、手を我が有命に仮る。攻を造むるは鳴条自りし、朕は哉むこと亳自りす。惟れ我が商王、聖武を布き昭かにし、虐に代ふるに寛を以てし、兆民允に懐く。

●大切なのは形の継承ではなく、創業の精神を共有すること

《惟れ元祀十と有二月乙丑、伊尹先王を祠る。嗣王を奉じ、祗みて厥の祖に見えしむ。侯甸の羣后咸在り。百官己を総べて、以て冢宰に聴く。伊尹乃ち明かに烈祖の成徳を言ひて、以て王に訓ふ。》

ここでは創業者がどういう心を持って創業したのかが説かれています。その会社の骨格は、創業のときにすべて決まるのです。とはいえ、「わが社ではこういうふうに行っている」というしきたりや言い伝えを守っている会社は非常に多いものの、それがどういう理由で行われてきたかまで理解されていない場合が多々あります。それではどこかで停滞してしまうのです。単にしきたりだからという理由だけで続けているのは、自社の文化を本当に継続しているとはいえません。ところが、そういう魂を失っている会社が多いのです。大切なのは、創業期の精神を説くことです。伊尹という人はそれがよくわかっていました。

「惟れ元祀十と有二月乙丑、伊尹先王を祠る」太甲が即位した元年の十二月乙丑の日に、伊尹は湯王をお祀りしました。「嗣王を奉じ」そこに後継ぎの太甲も呼び寄せて、「祇みて厥の祖に見えしむ」これからこの太甲が国を取り仕切りますからご加護をよろしくお願いいたします、と祈願をしました。その場には「侯甸の羣后咸在り」侯服・甸服という正装を着た諸侯が並んでいました。「百官己を総べて」衣冠束帯を身にまとった人たちがずらりと並ぶ中、「以て冢宰に聴く」宰相として伊尹が話をしました。

つまり、これからは太甲が王として皆の上に立つのだということを自覚させるために、諸侯が一堂に会した中で、その状況をしっかりと伝えて明確にしたわけです。

「伊尹乃ち明かに烈祖の成徳を言ひて、以て王に訓ふ」私、伊尹が烈祖（湯王）の様々な徳についてお話しし、それを王位に就かれた太甲様にお伝えいたします。

《曰く、嗚呼、古 有夏の先后、方に厥の徳を懋め、天災有る罔し。山川鬼神も、亦寧んぜざる莫く、鳥獣魚鼈に曁ぶまで咸若ふ。其の子孫に于て率はず。皇天災を降し、手を我が有命に仮る。攻を造むるは鳴条自りし、朕は哉むこと亳自りす。惟れ我が商王、聖武を布き昭かにし、虐に代ふるに寛を以てし、兆民允に懐く。》

「曰く、嗚呼、古有夏の先后、方に厥の徳を懋め、天災有る罔し」夏王朝の先王はまさに徳を務めたため、天災などはありませんでした。

天の命令でトップについた王がそれを自覚して天に代わって治めているわけですから、天から見れば文句のつけようもないわけです。したがって、天は天恵・天祐を降しました。褒美を与えることはあっても、天災を降すことはなかったのです。天災というのは、「おまえは少々間違っているのではないか」という天から王への諫めです。だから、全く天災が起こらないのは、良い政治をしている証拠になります。

「山川鬼神も、亦寧んぜざる莫く」山川鬼神も安定しているし、「鳥獣魚鼈に曁ぶまで咸若ふ」鳥とか獣とか魚とかスッポンまでもが皆従っていた。これは夏王朝の頃の話です。禹から始まって代々の名君が天命に基づいて政治を行っている間は、すっかり国家が治まっていたと象徴的に表現しているのです。

「其の子孫に于て率はず」の「子孫」は桀王のことです。桀王は天の命令に従いませんでした。その結果、「皇天災を降し」大いなる天は天災を降して桀王を戒めました。「手を我が有命に仮る」それでも桀王が振る舞いを改めようとしなかったので、次の王を選択して正してもらうしかないということになり、湯王に天命が下ったのです。そこで、自分（伊尹）も湯王と一緒に桀王を討つことにしました。

「攻を造むるは鳴条自りし」桀王がいた都である鳴条を攻めていきましたが、「朕は哉むこと亳自りす」自分は宰相として我々の都である亳において準備万端整えることから始めました。つまり、いきなり戦場に行ったわけではなくて、まず戦いに勝つ為の全ての準備を整えたうえで攻めていったというのです。

「惟れ我が商王」我々の湯王は、「聖武を布き昭かにし、虐に代ふるに寛を以てし」悪を正し、暴虐な政治に変わって寛大かつ豊かな政治を行ったため、「兆民允に懐く」多くの民が喜び、湯王を信頼してつき従うようになりました。

以上のようなことを創業者である湯王は行ったのであります、と伊尹は最初にいいました。

今王厥の徳を嗣ぐ。初に在らざる罔し。愛を立つるは惟れ親よりし、敬を立つるは惟れ長よりす。家邦より始めて、四海に終る。嗚呼、先王肇めて人紀を修む。諫に従つて咈はず、先民に時れ若へり。上に居りては克く明かに、下と為りては克く忠なり。人に与するには備るを求めず、身を検するは及ばざるが若くす。以て万邦を有つに至る、茲れ惟れ艱い哉。敷く哲人を求めて、爾後嗣を俾輔す。

●信頼ある上下関係を確立するために重視される「愛」と「敬」

《今王厥の徳を嗣ぐ。初に在らざる罔し。愛を立つるは惟れ親よりし、敬を立つるは惟れ長よ

りす。家邦(かほう)より始(はじ)めて、四海(しかい)に終(おわ)る。》

「今王厥の徳を嗣ぐ」湯王の徳をあなたは継がなければいけません。「初に在らざる罔し」すべては初めがあって始まるのです。つまり、大切なことはすべて初めにあるのだから、あなたが今一番するべきことは、湯王がいかなる政治を行ったかをしっかり学ぶことですよ、といっているのです。

その政治の主要なところをいえば、「愛を立つるは惟れ親よりし」愛情を浸透させていくには、まず自分の側近を気遣うところから行い、「敬を立つるは惟れ長よりす」自分よりも年齢が上の人を敬うことを身をもって行いました。

ここで要注意なのは、愛と敬です。これは「愛と敬」というペアの言葉になっていて、政治の基本あるいは社会の基準を示しています。敬天愛人、つまり、天が人に愛情を降りそそぎそれを感謝して人は天を敬うと西郷南洲がいっていますが、それもここから出てきたのです。今の天皇のお子様も敬宮愛子さまですから、敬と愛がペアになっています。

この愛と敬は、組織の中で、「上の人が下の人に愛情を振るうと、下の人は上の人に敬をもって応える」という関係を表しています。これは人間関係の最たるものとして非常に重視されました。湯王はそれをしっかり実践したというのです。

そういう愛と敬を湯王は「家邦より始めて、四海に終る」身近な自国から始めて、周りの国も含めて全国にどんどん伝搬させていきました。

●人間というものを客観的に眺めると謙虚になれる

《嗚呼、先王肇めて人紀を修む。諫に従って咈はず、先民に時れ若へり。上に居りては克く明かに、下と為りては克く忠なり。人に与するには備るを求めず、身を検するは及ばざるが若くす。》

次の「嗚呼、先王肇めて人紀を修む」は重要な言葉です。「人紀」とは「人間の規律」のことで、人間は特別に天に代わってこの世に降りてきたのだから、その心根は天と同様でなければならないとされています。人間も動物なので、どうしても他の動物と同じようになりがちだけれど、それでは駄目だというのです。

人間は特別の任務を背負ってこの世に来ています。生きとし生けるもののお世話をするために人間がいるのです。それが「人紀」ということです。湯王は明確に毎日毎日、このことを部下に通達しました。

また「諫に従って咈はず」は、部下が「お言葉ですが、これはこうされた方が」と諫めれば、それに逆らわないということ。「先民に時れ若へり」は、昔の賢者に従うということです。

「上に居りては克く明かに」人の上に立つ人間は下の人の心をよく知らなければいけない。下の人がどういう気持ちで暮らしているのかを知らなければいけないのです。「下と為りては克く忠なり」下の人は忠を忘れてはならない。この「忠」は中の心。偏りのある心ではなくて、常に清廉潔白な、具体的にいえば「嘘をつかない」ということです。下の人は、そういう心を持って上に対することが重要なのです。

「人に与するには備わるを求めず」人を使っていく、部下を使っていくときには、「こういうものが備わっていなければならない」と求めたりしない。すべてを完備している人なんていないのだから、その人が何を備えているのかをよく知って活用することなのです、と。それが人使いの基本だと述べているわけです。

「身を検するは及ばざるが若くす」常に自分には足りないところはないか、少々傲慢になっているのではないかと検査をする。そうすれば、足りている部分もあるし、足りない部分もあることがわかる。足りていない部分は「自分はこういうことをもっと勉強しなければいけない」と心がけるようにする。

そのときに大事なのは、足りないところをしっかり書き出すことです。書き出した瞬間に、主観が客観になり、自分を冷静に見つめることができるのです。それによって謙虚になれるのです。思っているだけでは客観的に眺めることができません。だから書き出すことが重要なのです。

●自分の代だけでなく、後の世代のことまで考えて準備をする

《**以て万邦を有つに至る、茲れ惟れ艱い哉。敷く哲人を求めて、爾後嗣を俾輔す。**》

「以て万邦を有つに至る」こうやって湯王は政治を行っておられたので、万邦を保つことができたのです。「茲れ惟れ艱い哉」これは容易なことではありませんでした。懸命に湯王が治めてきて、私もそれを支えてきましたが、それはとても難しいことだったということをよくわかってください、といっています。

「敷く哲人を求めて」湯王の凄いところは、自分の時代のことだけを完璧にするのではなくて、自分の後の王が困らないように、いつも哲人を求めて、「爾後嗣を俾輔す」後継ぎの補佐役をしっかり選んでいたのです、と。そこまでするのが政治なのだと伊尹は述べているのです。

次は有名な「三風十愆」について伊尹が述べます。

官刑を制して、有位を儆めて、曰く、敢て恒に宮に舞ひ、室に酣歌する有る、時を巫風と謂ふ。敢て貨色に殉ひ、遊畋を恒にする有る、時を淫風と謂ふ。敢て聖言を侮り、忠直に逆ひ、耆徳を遠け、頑童に比する有る、時を乱風と謂ふ。惟れ茲の三風十愆、卿士身に一有れば、家必ず喪び、邦君身に一有れば、国必ず亡ぶ。臣下匡さざれば、其の刑は墨なり。具に蒙士に

訓ふ。嗚呼、嗣王。厥の身を祗みて、念はん哉。聖謨は洋洋として、嘉言は孔だ彰かなり。惟れ上帝常ならず、善を作せば、之に百祥を降し、不善を作せば、之に百殃を降す。爾惟れ徳小とする罔かれ、万邦惟れ慶せん。爾惟れ不徳大とする罔かれ、厥の宗を墜さん。

●リーダーが絶対にしてはならないことをまとめた「三風十愆」

《官刑を制して、有位を儆めて、曰く、敢て恒に宮に舞ひ、室に酣歌する有る、時を巫風と謂ふ。》

まず「官刑を制して」とは、官僚のための刑罰をしっかり制定するということ。これは非常に重要です。徳の意の動くところ、下にいる者がそれを完璧にこなしていかなければ、国家は回りません。昨今の政治を見ても、トップの言葉が必ずしも実行されていないように見えることがあります。それは官吏のための刑罰がしっかり制定されていないからです。

この刑罰は、官吏を陥れるためのものではなく、民の僕、民のお世話係として官吏には行うべきことがあり、それを怠ったならば罰せられるということを自覚させるために定めるものです。

次の「有位を儆めて」とは、大臣のように上にいる人も戒めなければならない、ということです。大臣といえども官吏と同様、民のお世話係なのです。だから、本来自分は民の下にいるべき人間なのだと思い知って、身を挺して民のために働くように戒めたのです。

そしてこれから伊尹が太甲に対して、「王として絶対にしてはならないこと」を挙げていきます。これが「三風十愆」三つの風と十の戒めです。

十愆の一番目は「敢て恒に宮に舞ひ」。これは「宮中で舞楽のような自分が楽しむための催しを行うときは少額の官費しか使ってはならない」ということです。これがトップの掟だというのです。些少なお金でも税金ですから、それを自分の楽しみのために使ってはいけない。宮殿の中で自分のために舞を踊らせたり、自分も踊ったり、そういうことに経費をかけてはいけないということです。

二番目は「室に酣歌する有る」。これは、役所の中で酔って歌うということ。カラオケで歌うことは悪くはないけれど、それを役所の中でやってはいけないといっています。

「時を巫風と謂ふ」この二つを「巫風」という。「巫」とは神の風習のことですが、ここでは「浮かれる」という意味です。つまり、「浮かれ癖の風が吹くときがある」というのが巫風で、これが三風の一つ目です。

《敢て貨色に殉ひ、遊畋を恒にする有る、時を淫風と謂ふ。敢て聖言を侮り、忠直に逆ひ、耆徳を遠け、頑童に比する有る、時を乱風と謂ふ。惟れ茲の三風十愆、卿士身に一有れば、

家必ず喪び、邦君身に一有れば、国必ず亡ぶ。臣下匡さざれば、其の刑は墨なり。具に蒙士に訓ふ。》

次は「敢て貨色に殉ひ」。貨は貨財、色は女色です。つまり、金と色欲にしたがってはいけない。この貨財が十愆の三番目、色欲が四番目になります。

そして「遊畋を恒にする有る」。遊は遊び、畋は畋猟といって狩りのことです。こうした遊びにふけってはいけない。この遊が十愆の五番目、畋が六番目になります。

「時を淫風と謂ふ」貨財に狂い、女色に狂い、遊びに狂い、狩りに狂う、この四つを淫風といいます。これが三風の二つ目です。

十愆の七番目は「敢て聖言を侮り」。先人の言葉を侮ってはいけない。八番目は「忠直に逆ひ」。自分のためを思って直言してくれる忠義の部下の言葉に逆らってはいけない。九番目は「耆徳を遠け」。これは「年長者の徳を遠ざける」ということですから、年長の人がアドバイスしてくれるのをバカにしてはいけないということです。最後の十番目は「頑童に比する有る」。道理を弁えない愚かな若い者を引き連れて遊びに行くのはよくない。

「時を乱風と謂ふ」この七番目から十番目のようなことを乱風といいます。乱れた風が時折来るから注意しなさいということで、これが三風の三つ目になります。

以上のようなものを「三風十愆」といいます。歴代の中国王朝のトップは、これを己を正すための規準にしてきました。

「卿士身に一有れば、家必ず喪び」高級官僚にこの十愆の一つでもあれば、家は必ず喪びます。「邦君身に一有れば、国必ず亡ぶ」国王に十愆の中の一つでもあれば、国は必ず亡びます。それほど恐ろしいことなのです、といっているのです。

臣下は王の振る舞いを見て、十愆に入るようなことを一つでもしていれば、「いけません。お止めください」と身を挺して正さなければなりません。「臣下匡さざれば、其の刑は墨なり」もしも臣下が正さなければ、官刑の中の一つである入れ墨の刑に処せられます。「具に蒙士に訓ふ」蒙士という下の階級の役人にも、それをしっかりと教えていかなければいけません。

伊尹は最後に次のようにいいました。


《嗚呼、嗣王。厥の身を祗みて、念はん哉。聖謨は洋洋として、嘉言は孔だ彰かなり。惟れ上帝常ならず、善を作せば、之に百祥を降し、不善を作せば、之に百殃を降す。爾惟れ徳小とする罔かれ、万邦惟れ慶せん。爾惟れ不徳大とする罔かれ、厥の宗を墜さん。》

「嗚呼、嗣王。厥の身を祗みて、念はん哉」後継ぎの王よ、是非、身を慎んでください。「聖謨は洋洋として、嘉言は孔だ彰かなり」湯王は先のことまで案じて、今申し上げてきたような良き言葉を残されたのです。「惟れ上帝常ならず」天はいつもあなたの味方をしてくれるものではありません。「善を作せば、之に百祥を降し、不善を作せば、之に百殃を降す」徳のある方には味方をしますが、不徳の者には味方をしません。そこを侮ってはいけません。「爾惟れ徳小とする罔かれ」あなたが小さな徳でもなおざりにしないで行い続ければ、「万邦惟れ慶せん」周りの国も敬して懐いていきます。反対に「爾惟れ不徳大とする罔かれ」このぐらいならいいのではないかと不徳を重ねていると、いつのまにかそれは大きな不徳になってしまいます。そうすると、「厥の宗を墜さん」国家を滅ぼすことになりかねません。

つまり、トップのありようが国家の存亡の原因になるといっているのです。

以上のように、伊尹という湯王の時代から仕えてきた側近が新しく王となる太甲を戒めたのが「伊訓」です。素晴らしい側近ですし、素晴らしい戒めです。皆さんの中にも、若い人をしっかり育てたいという人がおられると思います。そういう方はこの「伊訓」を何度も読んで、何をアドバイスするべきかを学んでいただけるといいのではないかと思います。

第四講　太甲、説命、泰誓、武成を読む

●新しいトップをどのように教育するか

今回は「太甲（たいこう）」というところから読んでいきます。『書経』は「堯典」から始まりました。堯が舜に禅譲して舜が即位します。次は舜から禹に禅譲されました。王位を争って交代したわけではありません。そういう流れの中、禹が中国最古の王朝といわれている夏王朝を建てました。

ところが、夏王朝の最後に桀王という暴虐非道な王が現れました。これを歴史の必然というのは言い過ぎかもしれませんが、王朝が長く続くとおかしなトップが出てくるのはよくあることです。そこで「桀王を討て」という天命が湯に下りました。

湯は天命に従って桀王を討ちますが、慚愧の念を抱いてしまいます。堯から舜、舜から禹への交代は禅譲でしたから平和裏に行われましたが、湯の場合は違います。それが前例となって、これから家臣が王を討つクーデターが頻発するのではないかと恐れたのです。

湯は王になることを躊躇しました。それに対して側近たちが「あなたに天命が下ったのです。あなたは正当に世直しをしたのです」と励ました。それが実を結び、ようやく湯の殷王朝が始まるのです。

殷というのは、もともと「商」という名前でした。殷という名は国家を形成してからつけられた名前で、それ以前はずっと商という名で諸侯として成り立っていました。そのため『書経』の中でも殷といわずに商といっています。

その商の国の王であった湯が即位をして、殷王朝をつくるのです。この頃から大体、長子相伝になってきますから、湯の後は本来であれば太丁（たいてい）という長男が継ぐはずでしたが、太丁は即位する前に亡くなってしまいました。そこで外丙（がいへい）という次男が継ぐことになりました。しかし、外丙は即位後わずか三年で亡くなってしまいました。それで今度は仲壬（ちゅうじん）という三男が即位をするのですが、この仲壬もなんと四年余りで亡くなってしまうのです。

三人の子供が全員亡くなって、もうここで殷王朝が途切れてしまうのかとなったときに、湯の側近である伊尹（いいん）が後見人となって、太丁の長男である太甲（たいこう）に後を継がせます。伊尹は太甲をなんとか立派なトップにしようと苦心惨憺しますが、なかなかうまくいかないというところから今回の話が始まります。

太甲　上

惟（こ）れ嗣王阿衡（しおうあこう）に恵（したが）はず。伊尹書（いいんしょ）を作（つく）りて、曰（いわ）く、先王諟（せんおうこ）の天（てん）の明命（めいめい）を顧（かえり）み、以（もっ）て上下（しょうか）の神祇（しんぎ）、

社稷宗廟に承けて、祇粛せざる罔し。天厥の徳を監て、用て大命を集め、万方を撫綏せしむ。惟れ尹が躬克く厥の辟を左右して、師を宅らしむ。肆に嗣王丕いに基緒を承く。惟れ尹が躬西邑夏を先見するに、周を自ひて終有る、相も亦惟れ終る。其の後嗣王、克く終有る罔き、相も亦終る罔し。嗣王戒めん哉。爾厥の辟たるを祗め。辟辟ならざれば、厥の祖を忝む。

●神や先祖の助けがあって王になったことを忘れてはいけない

《惟れ嗣王阿衡に恵はず。伊尹書を作りて、曰く、先王諟の天の明命を顧み、以て上下の神祇、社稷宗廟に承けて、祇粛せざる罔し。天厥の徳を監て、用て大命を集め、万方を撫綏せしむ。惟れ尹が躬克く厥の辟を左右して、師を宅らしむ。》

「嗣王」は後継ぎの太甲、「阿衡」は伊尹です。殷王朝を建国するにあたり湯王の側近として目覚ましい働きをしたということで与えられたのが、この「阿衡」という名前です。これは伊尹だけに与えられた名誉ある呼称です。

その伊尹は、もう殷の後継ぎは太甲しかいないから、なんとか良い後継ぎにしなければいけないと、手を替え品を替えて太甲にリーダーのあり方を教えようとします。しかし、太甲はなかなかそれに従いません。そこで、仕方なく「伊尹書を作りて、曰く」文章を書いて渡したのです。その中に、伊尹は次のようなことを書きました。

「先王」湯王は「諟の天の明命を顧み」とあります。皆さまの中にもトップを拝命した方がおられると思います。今どきの言い方をすれば、トップになったのは株主から拝命されたことになりますが、それは本来「天の明命」なのです。天が明らかに「あなたがトップになるべきだ」といって、あなたを指名したのです。それを絶対に忘れてはいけないのです。

湯はいつも「自分は天から明命されたのだ」と省み、「以って上下の神祇、社稷宗廟に承けて」天と地の神々、そしてご先祖様からの要請を受けて王になったので、「祇粛せざる罔し」天地の神々や先祖を敬い慎まないということはなかったのです。

この「社稷宗廟」とは国家や政府を表す言葉です。社稷の社は土地の神、稷は食物の神を表します。そういうと伊勢神宮を思い起こす方もおられると思います。内宮は土地の神様である天照大神で社を表し、外宮は食糧の神様である豊受大神（とようけのおおかみ）で稷を表す。これは土地の神様と食糧の神様の両方からお助けいただかなければ、人間は暮らしていけないということです。そういう人間の営みをサポートする精神を社稷といいます。また「宗廟」は王の先祖を祀る建物です。国家とはそういった精神を持って運営されるべきものだというところから「社稷宗廟」が国家や政府を表す言葉になったのです。

ここは非常に重要で、トップはその精神をどこに置くべきかということを教えています。湯がトップに就いたのは、天が自分を評価して、皆の幸せを司ってくれといわれたからです。そして天地の支援がなければ人間には何もできないから、天の神、地の神、ご先祖様を大切にしなくてはいけない。それだけのバックがいて、初めて自分は成り立っている。そのことを忘れてはいけないということを教えているのです。

「天厥の徳を監て」天は湯王の徳をただ見るだけではなくて「監」非常に厳しい目で「この人間は本当にトップに相応しいだろうか」と見ている。そういう厳しい目で見て合格と判断して、「用て大命を集め」天ばかりではなく、土地の神、食糧の神などすべての神の大命を集め、「万方を撫綏せしむ」諸国を治めさせたのです。

「万方」とは自分の国の周りの諸国のことですが、自分の国も治まっていないのに周りの国が治まることはありません。それゆえ「惟れ尹が躬克く厥の辟を左右して」私伊尹も湯王をよくサポートして「師を宅らしむ」民が安心して生活できるようにしたのです。

「宅らしむ」とは、「自分の家にずっといるようにさせる」という意味です。外へ出ていくのは、自分の家が成り立たないからです。したがって、自分の家にいさせるというのは、安心した生活を送らせるということになるわけです。

《肆に嗣王丕いに基緒を承く。惟れ尹が躬西邑夏を先見するに、周を自ひて終有る、相も亦惟れ終る。其の後嗣王、克く終有る罔き、相も亦終る罔し。嗣王戒めん哉。爾厥の辟たるを

祇(つつし)め。辟辟(きみきみ)ならざれば、厥(そ)の祖(そ)を忝(はずかし)む。》

「肆に嗣王」湯王の後を継いだ四番目の太甲まで「丕いに基緒を承く」湯王の創建の精神を受け継ぎました。「惟れ尹が躬西邑夏を先見するに」自分が見るところでは、夏王朝も最初は名君が出てきてとても良い政治をしていました。「周を自ひて終有る」忠義（周）を用いて終わりを慎み、後継者に位の受け渡しをしていました。「相も亦惟れ終る」王が変わると、側近もどんどん変わっていきました。「相」は今でも外相とか内相とかいいますが、トップのサポート役のことです。そういう人たちも終わったというのは、トップが変わるに応じて側近がどんどん変わっていったということです。

　しかし、「其の後嗣王、克く終有る罔き」夏王朝の後継者たちは後になればなるほど終わりを慎まなくなってしまいました。長期政権の怖さです。「相も亦終る罔し」部下の側近たちも終わりを考えないで、栄耀栄華を楽しむという体たらくになりました。

「嗣王戒めん哉。」太甲よ、そういう事実が歴史上あるのです。「爾厥の辟たるを祇め」君主というのはなかなか難しいものだから、くれぐれも謹んでください。「辟辟ならざれば、厥の祖を忝む」自分一人が間違って、自分一人が責めを受けるのならいいけれど、あなたが間違えるとご先祖様もすべて辱めを受けるのだということをいつも考えて、決断し、行動してください。

　伊尹はそのようにいって太甲を戒めました。

王惟れ庸にして念聞する罔し。伊尹乃ち言ひて、曰く、先王昧爽丕いに顕かにして、坐して以て旦を待ち、旁く俊彦を求めて、後人を啓迪す。厥の命を越して以て自ら覆ること無かれ。乃の倹徳を慎み、惟れ永図を懐へ。虞の機張り、往いて括を度に省みて則ち釈つが若くせよ。厥の止を欽み、乃の祖の行ふ攸に率へ。惟れ朕以だ懌び、万世辞有らん。王未だ克く変ぜず。伊尹曰く、茲れ乃の不義、習性と成る。予弗順に狎れ俾めず。桐宮を営み、先王に密邇せば、其れ訓へられて世をして迷はしむること無からん。王桐宮に徂きて、憂に居る。克く允徳を終る。

●若者を育てるには諦めずに何度も繰り返し指導することが一番

《王惟れ庸にして念聞する罔し。伊尹乃ち言ひて、曰く、先王昧爽丕いに顕かにして、坐して以て旦を待ち、旁く俊彦を求めて、後人を啓迪す。厥の命を越して以て自ら覆ること無かれ。乃の倹徳を慎み、惟れ永図を懐へ。虞の機張り、往いて括を度に省みて則ち釈つが若くせよ。厥の止を欽み、乃の祖の行ふ攸に率へ。惟れ朕以だ懌び、万世辞有らん。》

「王惟れ庸にして念聞する罔し」太甲という王は、伊尹が何度も口酸っぱくトップのあるべき姿勢を説いても「庸にして念聞する罔し」今まで通りで、全く悔悛することなく心して聴くことがなかった。

「伊尹乃ち言ひて、曰く」伊尹は王朝を預かっている身なので、なんとか太甲にしっかりとした王になってもらわなければいけないという祈るような思いを抱いて、次のようにいいました。「先王昧爽丕いに顕かにして」先王は少しでも不明なことがあれば早起きして、まだ暗い早朝から「これはどうしたらいいだろうか」と考えをめぐらし、「こうしよう」と答えを見出しました。しかし、「坐して以て旦を待ち」まだ暗いので、夜が明けるのを待っていました。そのぐらい真剣に政治を行っていたということです。

また、「旁く俊彦を求めて」広く賢者を求めて、「後人を啓迪す」後に続く人たちを教え導きました。自分の政治をしっかり行うばかりではなくて、後を継ぐ王や部下たちを教え導くこともしていたのです。

「厥の命を越して以て自ら覆ること無かれ」先君の努力を無視して、それを全く無にするようなことはどうかしないでください。「乃の倹徳を慎み」過度に大盤振る舞いをするようなことはせずに慎み深くして、「惟れ永図を懐へ」先行きをいつも思ってください。これは、先々の礎を自分がつくらなければいけないという思いで何事も判断してほしいといっているのです。「虞の機張り」は「虞の弓の名人」のことで、神話に出てくる人たちです。日本でいえば那須与一のような弓の名人の集団がいたわけです。その人たちは名人でありながら、「往いて括を度に省みて則ち釈つ」弓矢を扱うときは弓の調子をしっかり見て、こうすれば絶対に当たるという状態にしてから矢を放つようにしていた。つまり、名人ほどちゃんとものを扱うのだ、と。あなたもそのようにしてくれ、といっているわけです。

「厥の止を欽み」行動を慎んで、「乃の祖の行ふ攸に率へ」湯王を手本に一つひとつ真似てみたらどうですか、と。自分で考えてやってみなさいということは嫌になるほどいっているけれど、太甲が聞かない。それなら、「湯王を手本にして、湯王が行ったことをそのまま真似しなさい、それが一番早いですよ」といっているわけです。

「惟れ朕以だ懌び」そうしてくれれば私も本当に嬉しいし、「万世辞有らん」あなたも末永く褒め称えられるトップになるでしょう。

　ここは伊尹の思いの丈をすべて表しているような文章です。このぐらい思って若い人を指導しないと駄目なのです。何回も繰り返し同じことをいって、「これで駄目なら次はこれだ」と諦めないで指導をする。最後の最後には、「頼むから言われたようにやってみてくれ」とお願いする。後継者の育成はそこまでやらなければいけないということを教えてくれる文章です。

《王未だ克く変ぜず。伊尹曰く、茲れ乃の不義、習性と成る。予弗順に狎れ俾めず。桐宮を営み、先王に密邇せば、其れ訓へられて世をして迷はしむること無からん。王桐宮に徂きて、

憂に居る。克く允徳を終る。》

しかし、「王未だ克く変ぜず」これほど伊尹が話をしても太甲はまだ変わらない。人間というのは、そんなに簡単に変わるものではないということでしょう。そこで伊尹はいいました。「茲れ乃の不義、習性と成る」こうやって何をいっても聞かないという状態が続くと、それは性格になってしまいます、と。アドバイスを受けたときには「ふんふん」と聞いているけれど、その通りにはしない。この繰り返しが習い性となり、やがて性格にまでなってしまう。これはどうしようもないことです。

ですから、「予弗順に狎れ俾めず」自分は王を道に反した人間になるように指導していることになる。立派な王にしようと思って指導していたけれど、逆に王は「そんなものはハイハイと聞いていればいいんだよ」と軽く考えてしまう。そういう性格にしてしまったのは自分の罪であると伊尹はいうわけです。

そこでいろいろ考えた末の最終手段として、「桐宮を営み、先王に密邇せば、其れ訓へられて世をして迷はしむること無からん」湯王から始まって代々の王が祀られている先祖の御霊屋の隣に桐の小さな庵を作り、そこに暮らしていつも湯王のことを思っていれば、迷いもなくなるだろう、と考えました。つまり、いつも湯王の墓を見て暮らしていれば、湯王のことを思うようになるだろうと考えて、太甲を桐宮に押し込めて根本から正そうとしたわけです。

さて、太甲はどうなったでしょうか。「王桐宮に徂きて」渋々だったに違いありませんが、王も桐宮に行って一人きりで考えるようになると、「憂に居る」申し訳なかったと思うようになって、「克く允徳を終る」ついに改悛しました。心が変わったのです。

その結果どうなったかについては「太甲中」で述べられています。紙幅の都合で本書では割愛していますが、太甲が改悛したと聞いた伊尹は桐宮に飛んでいって、太甲と問答をします。すると、本当に立派な青年になっている。これは有り難いと伊尹は涙を流して喜び、太甲と一緒に都へ帰ってきます。そして諸侯を集めて、「今、王は本当の王になりました」といって、皆の前に立たせるのです。そうやって太甲に「あなたはこれだけの人間のトップなのですよ」ということを自覚させたのです。

しかし、それでもまだ伊尹は心配です。そこで何をしたか。それが次に読む「太甲下」に書かれています。

太甲下

伊尹申ねて王に誥げて、曰く、嗚呼、惟れ天親しむ無く、克く敬するを惟れ親しむ。民常に懐

く罔く、仁有るに懐く。鬼神常に享くる無く、克く誠なるに享く。天位艱い哉。徳なれば惟れ治まり、否徳なれば乱る。治と道を同じうすれば、興らざる罔く、乱と事を同じうすれば、亡びざる罔し。終始厥の与にするを慎むは、惟れ明明の后なり。先王惟れ時れ懋めて厥の徳を敬んで、克く上帝に配す。今王令緒を嗣有す。尚くは玆に監みん哉。高きに升るに必ず下き自りするが若くし、遐きに陟るに必ず邇き自りするが若くす。民の事を軽んずる無く、惟れ難んじ、厥の位に安んずる無く、惟れ危ぶめ。終を慎むこと始の于（如）くせよ。言汝の心に逆ふ有らば、必ず諸を道に求め、言汝の志に遜ふ有らば、必ず諸を非道に求めよ。嗚呼、慮らずんば胡ぞ獲ん、為さずんば胡ぞ成らん。一人元良なれば、万邦以て貞し。君弁言を以て舊政を乱る罔く、臣寵利を以て成功に居る罔くんば、邦其れ永く休に孚せん。

●良い手本を持ち、徹底して真似していけば必ず成功する

《伊尹申ねて王に誥げて、曰く、嗚呼、惟れ天親しむ無く、克く敬するを惟れ親しむ。民常に懐く罔く、仁有るに懐く。鬼神常に享くる無く、克く誠なるに享く。天位艱い哉。徳なれば惟れ治まり、否徳なれば乱る。治と道を同じうすれば、興らざる罔く、乱と事を同じうすれば、亡びざる罔し。終始厥の与にするを慎むは、惟れ明明の后なり。》

太甲はしっかりとした王になりました。しかし、後見役としてはまだ心配です。だから、注

意書きを残しておかなくてはいけない。それが「伊尹申ねて王に誥げて、曰く」ということです。皆の前でお披露目して「改悛して立派な王になりました。もう、これで大丈夫です」といって終わりにしないで、念には念を入れて、但し書きを置いて去ろうとしたわけです。ここまですることが必要なのです。

「嗚呼、惟れ天親しむ無く」天は王であれば誰でも親愛の情を持つかというとそうではありません。「克く敬するを惟れ親しむ」天を真心から敬っている人を親愛するのです。誰しもが天恵にあずかるわけではなく、天を敬わなければならないのだ、と。

「民常に懐く罔く」民も王だからといって全員が懐くわけではありません。「仁有るに懐く」あなたが民に思いやりをかければ、民はそれに応えるのです。「鬼神常に享くる無く」神も満遍なく皆を助けるものではありません。「克く誠なるに享く」誠心誠意やっている人だけに味方をするのです。

つまり、天も国民も神も、しっかり勤めを行っている人を支持するのであって、トップのポジションにいるから助けるわけではないということです。

「天位艱い哉」天から与えられた王の位というものは難しいものです。「徳なれば惟れ治まり」徳がもしあれば国は治まりますが、「否徳なれば乱る」徳がなければ乱れてしまいます。これは歴史の教えるところです。

「治と道を同じうすれば、興らざる罔く」国を治めるための政治と天の道を同じにすれば、国が隆盛しないわけはありません。これは良い経営とは何かということにも通じます。成功した良い経営を細部まで再現すれば、会社がうまくいかないわけはないのです。

反対に、「乱と事を同じうすれば、亡びざる罔し」歴史上の乱れた政治と同じことをすれば、当然滅びてしまいます。経営でいうなら、「今はうまくいっているのだから、このままでいいじゃないか」といっていると、倒産した企業と同じことになります。

これは手本が重要だということです。良い手本に沿って政治を行うことが必要だといっているのです。私も名経営者と呼ばれる人たちと交流がありますが、ほとんどの人は手本を持っています。歴史上の人物でいえば、二百五十年を超える江戸幕府の基礎を築いた徳川家康も『貞観政要』という唐の太祖と側近たちのやり取りを記した本を手本にしていました。

それゆえ、「終始厥の与にするを慎むは」初めから終わりまで、選択に選択を重ねたうえで、これは本当に頼りになるという手本をもってしっかり政治を行えば、「惟れ明明の后なり」これほど賢明な名君はいなかったといわれるようになるでしょう。この「后」は、今は皇后、お妃のことを表しますが、そもそもは君主を意味しています。

●どんなときも慎重に、思慮深く物事を進めていく

《先王惟れ時れ懋めて厥の徳を敬んで、克く上帝に配す。今王令緒を嗣有す。尚くは茲に監みん哉。高きに升るに必ず下き自りするが若くし、遐きに陟るに必ず邇き自りするが若くす。民の事を軽んずる無く、惟れ難んじ、厥の位に安んずる無く、惟れ危ぶめ。終を慎むこと始の于（如）くせよ。言汝の心に逆ふ有らば、必ず諸を道に求め、言汝の志に遜ふ有らば、必ず諸を非道に求めよ。》

「先王惟れ時れ懋めて厥の徳を敬んで、克く上帝に配す」湯王は自分の徳がまだまだ足りないと自らを叱咤激励して、天帝の期待に応えました。「今王令緒を嗣有す」あなたは湯王の素晴らしい仕事を受け継いでいくのです。「尚くは茲に監みん哉」是非、湯王のやり方をよく学んでください。

では、湯王はどのように仕事をしたのか。伊尹は次のようにいいました。

「高きに升るに必ず下き自りするが若くし」高いところまで登ろうと思えば、低いところから用心深く、しっかり足を置いて一歩一歩登っていきました。

「遐きに陟るに必ず邇き自りするが若く」遠くまで行こうというときには、近いところから一歩一歩を積み重ねていきました。

これは、今日を大切にすることが明日をつくり、明日をしっかりつくるから明後日があると

いう意味です。そのように地道に続けていくことが重要で、「あなたもそれを真似してください」と太甲に教えているのです。

また、湯王は「民の事を軽んずる無く」民の仕事を軽んじなかった。当時、職業人はいませんでしたから、何をするにしても民が駆り出されました。朝廷の建物を建て替えるとなれば、自分の畑をほったらかしにして王様のために労役に就きましたし、戦争が起こったときには、兵役に就いて命懸けで戦いました。そういう中でトップが必ず考えなければいけないのは、下の者の苦労を知ることです。「惟れ難んじ」皆、難しい仕事を一所懸命やってくれているのだなと身に染みることが大切なのです。

「厥の位に安んずる無く、惟れ危ぶめ」自分はトップなのだからと体裁ばかり考えて、格好をつけるようではいけません。そんな位など、一夜にして転げ落ちるかもしれないのです。

「終を慎むこと始の于（如）くせよ」歴史は物語っています。消滅した国家の最大の共通項は、建国当初の慎重さを忘れ、いい気になって驕ってしまうことです。こういう国は長続きしません。だから重要なのは、いつまでも初心を忘れず、慎重に慎重に物事を進めていくことです。

「言汝の心に逆ふ有らば、必ず諸を道に求め」誰かから「こうしてはいかがですか」と進言されたときに「何をいっているんだ」と思ったときは、相手が間違っているのか自分が間違っているのかを道理に基づいて判断してください。

「言汝の志に遜ふ有らば、必ず諸を非道に求めよ」他人の言葉が自分の思うところと同じだったら喜んで機嫌がよくなりますが、そういうときも「ひょっとすると道から外れているのではないか」と考えて、慎重に聞かなければいけません。

《嗚呼、慮らずんば胡ぞ獲ん、為さずんば胡ぞ成らん。一人元良なれば、万邦以て貞し。君弁言を以て舊政を乱る罔く、臣寵利を以て成功に居る罔くんば、邦其れ永く休に孚せん。》

「嗚呼、慮らずんば胡ぞ獲ん」深慮遠謀で、いつも慎重に考えて行動してください。「為さずんば胡ぞ成らん」この世は考えているだけではだめです。実行しなければ何も始まらないと肝に銘じてください。

「一人元良なれば、万邦以て貞し」あなたが理想のリーダーになれば、周りの諸国もそれを評価するでしょう。

「君弁言を以て舊政を乱る罔く」あなたの一言一言は大きな影響を与えますから、言葉に出す前に自分でよく考えて、「これを言うと伝統を乱してしまわないだろうか」と配慮して発言してください。

もう一つ重要なのは、「臣寵利を以て成功に居る罔くんば」自分が可愛いがっている部下がちょっといいことをしたからといって、そのポジションを永久に保障することのないようにしてください。要するに、その部下もやがて心変わりをして善良さがなくなり、下の者に横暴に振る舞って苦労させるようになるかもしれない。だから、すぐに地位を与えるのではなくて、慎重に見て判断してからでなくてはいけないということです。もし高い地位に就けても、時と場合によっては交代してもらうことも考える必要があるということです。

そういうことをきちんと行えば、「邦其れ永く休に孚せん」国はずっと天からのご褒美を得ることになっていきます、と。

ここまで殷の太甲という人の話をずっとしてきました。この太甲になんとか名君になってほしいと、後見人の伊尹が一所懸命苦労をしました。その結果、どうなったでしょうか。太甲は殷の四番目の王様ですが、殷の最後の王様である紂王（ちゅうおう）は三十代目の王様です。つまり、四代目の太甲から二十六代も王朝が続いたのです。伊尹の苦労は見事に報われたわけです。

もちろん、それだけの長い期間の中には、何度も危機がありました。危機を乗り切ったと思ったらまた危機が訪れ、再び盛り返すというような連続でした。その盛り返した典型例が、武丁（ぶてい）という二十二代目の王の時代です。この武丁は非常に問題がある王でした。それをまた苦労して盛り返すという話が書かれているのが、次に読む「説命（えつめい）」です。

説命上

王憂に宅り亮陰三祀なり。既に喪を免れて、其れ惟れ言はず。羣臣咸王を諫めて、曰く、嗚呼、之を知るを明哲と曰ひ、明哲実に則を作す。天子惟れ万邦に君として、百官式を承く。王の言惟れ命と作る。言はざれば、臣下令を稟くる攸罔し。王庸て書を作りて以て誥げて、曰く、台四方に正たるを以て、台徳の類せざるを恐る。茲の故に言はず。恭黙して道を思ふ。夢に帝予に良弼を賚ふ。其れ予に代りて言はん。乃ち厥の象を審かにし、形を以て旁く天下に求め俾む。説傅巌の野に築き、惟れ肖たり。爰に立てて相と作し、王諸を其の左右に置く。

●トップには信頼できる側近の存在が欠かせない

《王憂に宅り亮陰三祀なり。既に喪を免れて、其れ惟れ言はず。羣臣咸王を諫めて、曰く、嗚呼、之を知るを明哲と曰ひ、明哲実に則を作す。天子惟れ万邦に君として、百官式を承く。王の言惟れ命と作る。言はざれば、臣下令を稟くる攸罔し。》

二十二代目の武丁という王の時代になりました。「王憂に宅り亮陰三祀なり」先代の王が亡くなって帝位に就いた後継ぎの武丁は、三年間、父の喪に服しました。この三年間は、習わしとして、何もいわずに過ごすことになっていました。ところが、武丁は「既に喪を免れて、其れ惟れ言はず」三年経って喪が明けて、さあ、これから自分の政治をしなければいけないというときになっても何もいいませんでした。

「羣臣咸王を諫めて、曰く」多くの臣下は王が何も指示を出さないので、王を諫めてこういいました。「嗚呼、之を知るを明哲と曰ひ、明哲実に則を作す」物事がよくわかっている帝王を明哲といいます。そういう王が皆の手本になるべきなのです。

武丁は王になったばかりですが、それでも王である以上、明哲を志してほしい、と。人をよく知ることが「哲」ですから、「明哲」とは人間をよく知っているということです。「あなたもそういう王様になってください」といったわけです。

「天子惟れ万邦に君として」皆を幸せにする政治をしっかり行うために、天は王を任命しています。だから、あなたが君子として任命されたのは、その天命を実現するためです。「百官式を承く」役員全員が今や遅しとあなたの指示を待っています。

トップの指示が出ないと政治が進みません。ところが、私の指導した会社でも、なかなか指示を出さないトップが多いのです。この「説命」は、そういう指示を出さないトップをやる気にさせるための教訓として読んでいくといいと思います。あるいは自分自身がそういうタイプであるというトップの方なら、それを覆すにはどうしたらいいかと考えて読んでいくといいでしょう。

「王の言惟れ命と作る」何しろ王が何か発すれば、それは命令として進めることができます。だから、早く命令してください。「言はざれば、臣下令を稟くる攸罔し」命令を発していただけないと、部下の私たちは何もできないのです。このままでは政治は停滞してしまいます。

《王庸て書を作りて以て誥げて、曰く、台四方に正たるを以て、台徳の類せざるを恐る。茲の故に言はず。恭黙して道を思ふ。夢に帝予に良弼を賚ふ。其れ予に代りて言はん。乃ち厥の象を審かにし、形を以て旁く天下に求め俾む。説傅巌の野に築き、惟れ肖たり。爰に立てて相と作し、王諸を其の左右に置く。》

「王庸て書を作りて以て誥げて、曰く」そういう臣下の要求に対して王は、文章を作って答えました。

そこで王はなんといったかというと、「台四方に正たるを以て」私は天下の長となったのだから、すべてにおいて正しいことをして、皆の模範とならなければいけない。しかし、そう思えば思うほど緊張してしまう。また、「台徳の類せざるを恐る」自分のような徳の少ない人間が皆に指示を出すのは恐れ多いと思うから、言葉が出ないのだ。

今まで何も言わなかったのは、そういう理由があったわけです。聞いてみると、「ああ、そうだったのか」と納得できます。トップや役員に任命されたときは、誰しもそういう心境になるものでしょう。

では、どうしたらいいのか。王はここで非常に面白いことをいっています。

「茲の故に言はず。恭黙して道を思ふ」だから私は何もいわなかった。黙って「どうすればいいのか」と考えていたのだ。

そして、ここからが面白いところですが、突然、王が夢の話を始めるのです。

「夢に帝予に良弼を賚ふ」夢の中で自分は「良弼」良い部下をもらった。「其れ予に代りて言はん」その部下が自分と相談して、自分に代わって采配して、次々に物事を進めてくれた。

これはどういう意味でしょうか。実は、現実の自分には信頼できる側近がいないといっているのです。だから、一人で考え込んでしまったのだ、と。信頼できる側近がいないから、何もかも自分でやらなくてはいけないというプレッシャーを感じて、容易に言葉を発することができなくなってしまったわけです。

これは側近の重要性について教えています。就任したてのトップには、良い側近をつけてあげなければ駄目だということです。王様には相談相手となる総理大臣が必要ですし、商店ならば良い番頭さんが必要なのです。

そういう信頼できる側近がいないという悩みを持つ王に対して、天が夢の中で「この者はあなたの良い番頭になるから使いなさい」と「良弼」を与えてくれたというのです。

王がそんなことを話したので、部下たちは驚いて「それはどういう人ですか？」と事細かく聞きました。「乃ち厥の象を審かにし」どんな顔をしていましたか、と夢の中に現れた人物の姿形をすべて聞き出して似顔絵を作り、さらにどういう考えを持っている人なのかを徹底的に調べて、「形を以て旁く天下に求め俾む」天下に「こういう人はいないか」と知らせて補佐役を募集したのです。

話としては象徴的になっていますが、そうやって王が必要とする補佐役を国中から探し出したということでしょう。

すると、条件にそっくり当てはまる人が見つかりました。「説傅巌の野に築き」それは説という名前で、傅巌という場所で土木工事の現場監督をしていたので傅説と呼ばれていました。この工事は国家的な大事業で、説はその工事を取り仕切っていた名現場監督でした。

その現場監督が「惟れ肖たり」似顔絵にそっくりで、人柄も王から聞いた通りだったのです。そこで「爰に立てて相と作し」すぐに傅説を連れてきて面接をしたところ本当に素晴らしい人だとわかりました。そこで、「相と作し」王を補佐する総理大臣として抜擢して、「王諸を其の左右に置く」王は傅説を自分の側近にしました。

王が説に命じるというので、ここは「説命」という名前になっているわけです。では、王は傅説に何を命じたのでしょうか。

之に命じて曰く、「朝夕誨を納れ、以て台が徳を輔けよ。若し金ならば、汝を用て礪と作さん。若し巨川を済らば、汝を用て舟楫と作さん。若し歳大に旱せば、汝を用て霖雨と作さん。乃の心を啓きて、朕が心に沃げ。若し薬瞑眩せずんば、厥の疾瘳えず。若し跣にして地を視ずんば、厥の足用て傷つかん。惟れ乃の僚と、心を同じくして以て乃の辟を匡さざる罔く、先王に率ひ、我が高后を迪んで、以て兆民を康んぜ俾めよ。嗚呼、予が時の命を欽んで、其れ惟れ終有れ。説王に復して、曰く、惟れ木縄に従へば則ち正しく、后諫に従へば則ち聖なり。后克く聖ならば、臣命ぜられざるも其れ承けん。疇か敢て王の休命に祇み若はざらん。

●トップと側近は肝胆相照らし合う仲にならなくてはいけない

《之に命じて曰く、「朝夕誨を納れ、以て台が徳を輔けよ。若し金ならば、汝を用て礪と作さん。若し巨川を済らば、汝を用て舟楫と作さん。若し歳大に旱せば、汝を用て霖雨と作さん。乃の心を啓きて、朕が心に沃げ。若し薬瞑眩せずんば、厥の疾瘳えず。若し跣にして地を視ずんば、厥の足用て傷つかん。惟れ乃の僚と、心を同じくして以て乃の辟を匡さざる罔く、先王に率ひ、我が高后を迪んで、以て兆民を康んぜ俾めよ。嗚呼、予が時の命を欽んで、其れ

惟れ終有れ。》

「之に命じて曰く」王は傅説に補佐役になるように命じて、次のようにいいました。「朝夕誨を納れ」朝から晩まで自分にすべてのことを教えてくれ。「以て台が徳を輔けよ」自分が多くの人たちに徳を振るうときに、どういうふうにすればいいのか、そのアドバイスをしっかりしてくれ。

さらに、王はその仕方について、いくつかのたとえを出します。

「若し金ならば、汝を用て礪と作さん」私が刃物ならば、あなたは砥石になってくれ。

「若し巨川を済らば」もし大きな川をこれから渡らなければいけないというときには、「汝を用て舟楫と作さん」あなたは船や櫂になってくれ。

「若し歳大に旱せば」もし干ばつが酷いときには、「汝を用て霖雨と作さん」あなたは長く降り続く雨になってくれ。

「乃の心を啓きて、朕が心に沃げ」あなたが心に思ったことは、何でも私にいってほしい。

「若し薬瞑眩せずんば、厥の疾瘳えず」飲んでクラッとするぐらいの薬でなければ、病気には効かないものだ。これは面白い言い方です。つまり、「自分にとってあなたは薬のようなものだから、私がクラッとなるぐらいに強烈な提言をしてくれ」といっているのです。

「若し跣にして地を視ずんば、厥の足用て傷つかん」もし裸足になって歩くときに地面をよく見なければ、その足は傷ついてしまうだろう。
「惟れ乃の僚と、心を同じくして以て乃の辟を匡さざる罔く」あなた一人だけではなく、あなたの同僚と心を一つにして、「乃の辟」自分を助けて、間違いがあれば正して良い方向へ導いてほしい。「先王に率ひ」湯王の事蹟に従って、「我が高后を迪んで」湯王のやり方を踏襲して、「以て兆民を康んぜ俾めよ」多くの民が幸せになることを考えてやっていこう。

　これは「あなたがしっかりと補佐役を務め、私がトップとしてしっかり政治を行えば、国が富んで多くの国民が幸せになるのだ」といっているのです。

「嗚呼、予が時の命を欽んで、其れ惟れ終有れ」私が今、あなたにお願いしたことを忘れないでくれ。有終の美を飾れるように、終わりまで一緒に力を合わせてやろうじゃないか。

　武丁は傅説にこのようにいいました。ここから武丁の治世が始まるわけです。

《説王に復して、曰く、惟れ木縄に従へば則ち正しく、后諫に従へば則ち聖なり。后克く聖ならば、臣命ぜられざるも其れ承けん。疇か敢て王の休命に祗み若はざらん。》

「説王に復して、曰く」武丁の言葉に対して、説はこのように答えました。

「惟れ木縄に従へば則ち正しく」これはよく出てくる例ですが、「木縄」というのは、大工さんが使う墨縄（墨壷についている縄を引っ張って材木の上に線を引く道具）のことです。それを基準にして線を引けば真っ直ぐな線が引けて曲がることはありません。それと同じように、「湯王を見習って政治を行えば間違うことはない」といっているのです。

「后諫に従へば則ち聖なり」王様は我々が嫌なことを申し上げても腹を立てずに聞いてください。そうすれば聖（ひじり）の徳が備わってくるはずです。

「后克く聖ならば」あなたがそういう人格の高い王様になれば、「臣命ぜられざるも其れ承けん」我々臣下はなんとか王様に喜んでいただこうと、命ぜられなくても自主的に働くようになります。

「疇か敢て王の休命に祗み若はざらん」誰もあなたの立派な命令に従わないことはありません。

歴史的事実として、武丁と傅説がコンビになることで、危機に瀕していた殷王朝は再興することになりました。

しかし、蘇ったかと思って安心していたら、武丁から八代後に紂王（ちゅうおう）という三十代目の王が出てきます。紂王は湯王が討った桀王とともに「桀紂」と称される暴虐非道の王様です。そして、この紂王が殷王朝の最後の王様になりました。

この歴史的事実は、国でも会社でも、長く続いていれば、その中に判で押したような暴君とか非道なトップが現れかねないことを我々に教えてくれます。

泰誓上

殷王朝三十代目の王である紂があまりにも酷いので、それを討ったのが周の武王です。武王のお父さんは文王という方です。文王が生きているうちには、紂王を倒せなかったのですが、その志を息子の武王が継いで、紂王を討ち、周王朝を建てました。

ですから、『書経』はここから「周書」になります。「周書」の最初は、湯王のときと同様、武王が紂王を討つことに対する正当論から始まります。前の王様を討つということについては、どうしても若干の迷いや憂いがあるため、それを正式にしなければいけないのです。そこで武王は「泰誓」という誓いを立てます。

惟れ十有三年春、大いに孟津に会す。王曰く、嗟、我が友邦の冢君、越び我が御事庶士、明めて誓を聴け。惟れ天地は万物の父母にして、惟れ人は万物の霊なり。亶に聡明なるは元后と作り、元后は民の父母と作る。今商王受、上天を敬せず、災を下民に降す。沈湎冒色、敢て暴虐を行ふ。人を罪するに族を以てし、人を官するに世を以てす。惟れ宮室台榭、陂池侈服、以て爾万姓を残害す。忠良を焚炙し、孕婦を刳剔す。皇天震怒し、我が文考に命じ、粛んで

天威を将はしむるに、大勲未だ集らず。肆に予小子発、爾友邦の冢君を以て、政を商に観る。惟れ受心を悛むる有る罔し。乃ち夷居し、上帝神祇に事へず、厥の先の宗廟を遺てて祀らず。犠牲粢盛は、凶盗に既く。乃ち曰く、吾民有り命有りと。其の侮を懲す罔し。

●暴虐非道な王を討つ正当性を明らかにする

《惟れ十有三年春、大いに孟津に会す。王曰く、嗟、我が友邦の冢君、越び我が御事庶士、明めて誓を聴け。惟れ天地は万物の父母にして、惟れ人は万物の霊なり。亶に聡明なるは元后と作り、元后は民の父母と作る。今商王受、上天を敬せず、災を下民に降す。沈湎冒色、敢て暴虐を行ふ。人を罪するに族を以てし、人を官するに世を以てす。惟れ宮室台榭、陂池侈服、以て爾万姓を残害す。忠良を焚炙し、孕婦を刳剔す。》

「惟れ十有三年春」文王が「紂王の政権はあまりにもひどすぎるから、これは討たなければならない。それが自分の天命だ」と心を決めてから十三年の春が巡った。「大いに孟津に会す」多くの諸侯が孟津という場所に集まった。

「王曰く」今度は父の文王に代わって、私（武王）が紂王を討つことを宣言して、諸侯に味方になってくれといわなければいけない。

「嗟、我が友邦の冢君」私の友軍である皆さん、「越び我が御事庶士」自分の部下である皆さん、「明めて誓を聴け」私がこれから申し上げる誓いを謹んで聞いてほしい。「惟れ天地は万物の父母にして」天地は万物の父であり母であり、「惟れ人は万物の霊なり」その中でも人間は万物の霊長として、万物のお守り役に徹しなければいけない。「亶に聡明なるは元后と作り」万物の霊長の中でも誠に聡明な人間が元首になって、「元后は民の父母と作る」民の父となり母となるのだ。

「今商王受、上天を敬せず」今の商の王である紂王は暴虐非道で天を敬うということをせず、「災を下民に降す」国民を痛めつけている。

「沈湎冒色、敢て暴虐を行ふ」酒に溺れ、女色に溺れ、暴虐を行っている。それはどういう暴虐かというと、「人を罪するに族を以てし」一人が罪に問われると一族郎党を捕縛して全員殺し、「人を官するに世を以てす」官職には自分の身内を優先的につけている。

「惟れ宮室台榭、陂池侈服」大規模な宮殿を造り、贅沢三昧に明け暮れて、「以て爾万姓を残害す」その害はすべて国民が被っている。「忠良を焚炙し」そうした振る舞いを諌めた心ある部下を火あぶりにし、「孕婦を刳剔す」酔った勢いで、遊び同然に妊婦の腹を裂いて殺してしまう。

紂王というのは常識では考えられないような残虐非道をやっていたわけです。

《皇天震怒し、我が文考に命じ、粛んで天威を将はしむるに、大勲未だ集らず。肆に予小子発、爾友邦の冢君を以て、政を商に観る。惟れ受心を悛むる有る罔し。乃ち夷居し、上帝神祇に事へず、厥の先の宗廟を遺てて祀らず。犠牲粢盛は、凶盗に既く。乃ち曰く、吾民有り命有りと。其の侮を懲す罔し。》

さすがに「皇天震怒し」大いなる天は怒りに震えて、「我が文考に命じ、粛んで天威を将はしむるに」私の父の文王に命じて、紂王が天の威光に従わせようとした。

この命令に従って、文王は命の危険も顧みず紂王を諫めに行きます。しかし、逆に幽閉されてしまいました。

「大勲未だ集らず」大業は成就しなかった。なんとか正そうと思っても紂王は耳を貸そうとしないので、「これはもう討つしかない」と腹を決めて討伐に出たけれど、文王の時代には政権を交代することはできなかった。

「肆に予小子発」それゆえに文王の子である私は、この「小子」は自らをへりくだった表現、「発」は武王の名前です。「爾友邦の冢君を以て、政を商に観る」あなたたち友邦の皆さんと一緒に、殷の政治が正しいかどうかをよく見てみた。

そして「惟れ受心を悛むる有る罔し」何遍も政治を改めてくれと紂王に奏上したけれど、それを聞き入れて心を改めることはなかった。それどころか、「乃ち夷居し」かえって不遜な態度になって、「上帝神祇に事へず」天にも仕えなくなった。「厥の先の宗廟を遺てて祀らず」それどころか、自分のご先祖の御霊を祀ることすらしない。

さらに「犠牲粢盛は、凶盗に既く」生け贄にする動物を盗んで食糧にしたりしている。もはや殷は神も仏もない国になっている。

そんな状態であるにもかかわらず、「乃ち曰く、吾民有り命有りと」私には民があり、天命があるのだと嘯いている。「其の侮を懲す罔し」なんとしても紂王の天に背くがごとき振る舞いを懲らしめる必要があるのだが、残念ながら、いまだにそれができていない。

天下民を佑けて、之が君と作し、之が師と作す。惟れ其れ克く上帝を相けて、四方を寵綏す。罪有るも罪無きも、予曷ぞ敢へて厥の志を越すこと有らん。力を同じくすれば徳を度り、徳を同じくすれば義を度る。受臣億万有れども、惟れ億万の心。予臣三千有りて、惟れ一心。商の罪貫盈し、天命じて之を誅せしむ。予天に順はずんば、厥の罪惟れ鈞しからん。予小子、夙夜祇懼し、命を文考に受け、上帝に類し、冢土に宜し、爾有衆を以て、天の罰を底す。天民を矜む、民の欲する所、天必ず之に従ふ。爾尚くは予一人を弼け、永く四海を清くせよ。時なる哉失ふ可からず。

●「正義と道理の塊となれば何ものにも勝てる」と臣下を鼓舞した武王

《天下民を佑けて、之が君と作し、之が師と作す。惟れ其れ克く上帝を相けて、四方を寵綏す。罪有るも罪無きも、予曷ぞ敢へて厥の志 を越すこと有らん。力を同じくすれば徳を度り、徳を同じくすれば義を度る。》

武王は皆に奮起を促します。

「天下民を佑けて、之が君と作し、之が師と作す」天は民を助けようとして、今度は私が君主となるようにと、私を皆さんの長に押してくれた。「惟れ其れ克く上帝を相けて、四方を寵綏す」天の意志を助けて、全国をいつくしんで安定させることが、私の仕事である。

「罪有るも罪無きも、予曷ぞ敢へて厥の志を越すこと有らん」罪のある者は罰して、罪のない者は安心して暮らせるような世の中にしたい。今申し上げた正当な国家、正当な政治を行いたいという志を忘れることは絶対にない。

「力を同じくすれば徳を度り」人間を見るときに、実力が同じであれば徳を見て判断する。

「徳を同じくすれば義を度る」徳が同じならば、義によって判断する。

「義」とは、筋道をたて公のために働くことです。この義がどれだけ強いかということを見て、人材を登用するといっているわけです。

《受臣億万有れども、惟れ億万の心。予臣三千有りて、惟れ一心。商の罪貫盈し、天命じて之を誅せしむ。予天に順はずんば、厥の罪惟れ鈞しからん。》

「受臣億万有れども、惟れ億万の心」これから戦う受（紂王）の臣下は億万の大軍である。我々はその大軍と戦わなければならないのだが、受の軍隊は心がバラバラに離れているから恐れるに足りない。「予臣三千有りて、惟れ一心」私には三千の兵がある。小さな軍だが、三千の心が一つになっているから、力は絶対にこちらが上である。

武王はこういうふうにして、まず臣下の恐怖心を正しました。大軍を目の前にすると怯えてしまうものですが、敵は気持ちが離反してバラバラになっているから恐れることは何もないといって鼓舞しているのです。

「商の罪貫盈し」殷王朝の罪は満ち溢れているから、「天命じて之を誅せしむ」天が命じて討たせようとしているのだ。前にも出てきましたが、これを「天誅」といいます。

「予天に順はずんば」私に討てと天は命じているのに、私が天の意志に従わずに討たなかったら、「厥の罪惟れ鈞しからん」その罪は暴虐非道の紂王が天の命令を聞かないのと全く同じことになってしまう。

天命に従わなければ、ここにいる人間は皆、罪を犯してしまうことになる。天が命じているのだから、天命を受けて天誅を下すことが重要なのだと武王は正論を述べています。『孟子』

に「自ら反みて縮くんば、千万人と雖も、吾往かん」という有名な言葉があります。これは自分の心が正しければ、敵が一千万人いても恐ろしいなんて思わないということです。「正義と道理の塊となれば何ものにも勝てる」と武王もいっているのです。

《予小子、夙夜祗懼し、命を文考に受け、上帝に類し、冢土に宜し、爾有衆を以て、天の罰を底す。天民を矜む、民の欲する所、天必ず之に従ふ。爾尚くは予一人を弼け、永く四海を清くせよ。時なる哉失ふ可からず。》

「予小子、夙夜祗懼し」私は朝早くから夜遅くまで慎み恐れ、「命を文考に受け」天命を父の文王から引き継いで、「上帝に類し、冢土に宜し、爾有衆を以て、天の罰を底す」天帝、先祖、そして多くの人の力を借りて、紂王に天誅を下す。

「天民を矜む、民の欲する所、天必ず之に従ふ」暴虐非道なトップに悲鳴を上げている民を、天はなんとしても救おうと思っている。その力が我々に下るのだから、絶対に勝てると思ってくれよ、ということです。

「爾尚くは予一人を弼け」皆は私を助けてやろうと塊になってほしい。三千人の塊になってくれ。「永く四海を清くせよ」国家国民のために全員で猛烈に働こうじゃないか。「時なる哉失ふ可からず」今この時を失ってはもうチャンスがない。

こういって「時は来た、今こそ立つべきだ」と檄を飛ばすのです。これが「泰誓」という、紂王討伐の前に武王が語った誓いの言葉です。

武成

●武王が紂王討伐に立つに至るまでの周という国の歩み

さあ、そこでどうなったか。その話が書かれているのが、次に読む「武成」です。武王は周という国の王ですが、周は武王の父・文王が出るまでの間に、いろいろな王が立っています。その中でとくに重要なのが古公亶父（ここうたんぽ）という人物です。この古公亶父は武王の曽祖父に当たりますが、周の発展を決定づけた人です。

古公亶父には、太伯（たいはく）、虞仲（ぐちゅう）、季歴（きれき）という三人の息子がいました。また、有名な太公望を招聘したのも古公亶父です。太公望は古公亶父に、「昌という人間が出て周王朝は発展繁栄し、その子の時代に全土を制覇することになるだろう」と予言します。つまり、昌という人間が周の中興の祖になるといったわけです。

昌、すなわち文王は末っ子である季歴の息子です。しかし、後継ぎの一番手は長子の太伯です。太伯が継がない場合は、次男の虞仲が継ぎます。季歴が継がなければ、昌が周の王になることはあり得ません。したがって、太公望の予言が実現する可能性はほとんどありませんでした。ところが、あるとき太伯と虞仲が身を隠してしまったのです。自分たちの判断で、季歴に後を継がせるために身を引いたのです。

孔子はこの世で自分が最も評価する人間は太伯と虞仲であると『論語』の中で再三語っています。自分たちが政権を取りたいと思っても不思議ではないのですが、太伯と虞仲は弟の季歴に後を継がせ、その子の昌に後を継いでもらうのが周にとって一番いいと考え、何もいわずに国を去っていくのです。去った場所は、後に三国志の中に出てくる呉で、この呉のおもとになったのが太伯と虞仲だという逸話があります。

こうして季歴が後を継いでその長男の昌が文王になります。実は文王には伯邑考(はくゆうこう)という長男がいましたが、この長男は紂王に「優秀な長男だ。自分のライバルになりかねない」と目を付けられて、召し出されて殺されてしまいました。そこで次男の武王発が立つことになるのですが、武王が王となるまでに、文王は本来立つべき長男が紂王に殺されるという大きな犠牲を払っているのです。

この武王の弟に管叔鮮(かんしゅくせん)や周公旦(しゅうこうたん)という人たちがいます。周公旦は武王発の意志を継いで、子の誦王を担いで政権を取り、周を安泰にしていくキーマンになります。

このようにして、文王は長男を殺されて、次男の武王発が出てきて、今、立とうとしているということを前置きとして、「武成」を読んでいきたいと思います。

惟れ一月壬辰、旁死魄。翼日癸巳に越んで、王朝に周より歩き、于きて商を征伐す。厥の四月哉生明、王商より来り、豊に至る。乃ち武を偃せ文を修め、馬を華山の陽に帰し、牛を桃林の野に放ち、天下に服せざるを示す。丁未、周廟に祀る。邦の甸侯衛、駿かに奔走し、豆籩を執る。三日庚戌に越んで柴望し、大いに武の成れるを告ぐ。既生魄、庶邦の冢君曁び百工、命を周に受く。王若曰く、嗚呼、羣后。惟れ先王邦を建て土を啓き、公劉克く前烈を篤くす。大王に至りて、肇めて王迹を基し、王季其れ王家に勤む。我が文考文王、克く厥の勲を成し、誕いに天命に膺り、以て方夏を撫す。大邦は其の力を畏れ、小邦は其の徳に懐く。惟れ九年、大統未だ集らず。

●戦いが終わり、武断政治から文治政治に変えることを宣言する

《惟れ一月壬辰、旁死魄。翼日癸巳に越んで、王朝に周より歩き、于きて商を征伐す。厥の四月哉生明、王商より来り、豊に至る。乃ち武を偃せ文を修め、馬を華山の陽に帰し、牛を桃林の野に放ち、天下に服せざるを示す。》

一月壬辰のとき、「旁死魄」は月の流れを表した古代の暦のようなものです。「翼日癸巳に越んで」壬辰の翌日の癸巳に及んで、「王朝に周より歩き、于きて商を征伐す」武王は朝から出かけて行って商を征伐した。「厥の四月哉生明」これも月の状態を表した言い方です。「王商より来り、豊に至る」武王は商で戦って勝って、自分の国の都である豊に帰って来た。

「乃ち武を偃せ文を修め」戦いはこれっきりにしようという表れとして、武器を捨てて文徳を敷いた。これは、武断政治から文治政治に変えるということです。徳川家康と同じで、武でもって治めていたのを文でもって治めていく。要するに、法律や制度、教養でもって治めるということを象徴的にいっているのです。

「馬を華山の陽に帰し」華山の陽というのは放牧場で、名馬をたくさん生み出している土地です。乗ってきた馬をその放牧場に帰して、「牛を桃林の野に放ち」牛を桃林の野に放って、「天下に服せざるを示す」戦いに用いるものにはもう用がない、ここで戦争は打ち切りだと宣言をしました。

●諸侯に紂王討伐までの経緯を語る

《丁未、周廟に祀る。邦の甸侯衛、駿かに奔走し、豆籩を執る。三日庚戌に越んで柴望し、大いに武の成れるを告ぐ。既生魄、庶邦の冢君曁び百工、命を周に受く。王若曰く、嗚呼、

羣后。惟れ先王邦を建て土を啓き、公劉克く前烈を篤くす。大王に至りて、肇めて王迹を基し、王季其れ王家に勤む。我が文考文王、克く厥の勲を成し、誕いに天命に膺り、以て方夏を撫す。大邦は其の力を畏れ、小邦は其の徳に懐く。惟れ九年、大統未だ集らず。》

丁未のときに、「周廟に祀る」祖先の廟に祀りました。「邦の甸侯衛」の「甸侯衛」は甸服、侯服、衛服という衣冠束帯のことです。そういう国の正式な装束に身を固めた諸侯をすべて集めて、「駿かに奔走し、豆籩を執る」速やかに国家全体をしっかり治めろといって、豆籩の祀りを執りしきった。「三日庚戌に越んで柴望し、大いに武の成れるを告ぐ」三日後の庚戌に及んで、柴を焚いて、「大いに武の成れるを告ぐ」。

「既生魄」も月の一つのあり方を示しています。「庶邦の冢君暨び百工」一緒に戦ってくれた部隊の人たち及び百官たちから「命を周に受く」周に服従する証を受けた。

「王若曰く、嗚呼、羣后。惟れ先王邦を建て土を啓き」王がいった。諸君。我々の祖先は国を建て、土を開いた。「公劉克く前烈を篤くす」公劉という王はそれまでの政治を非常に盛んにした。「大王に至りて」大王とは古公亶父ですが、この人は「肇めて王迹を基し」王というものの基礎を築いた。それから「王季其れ王家に勤む」王季は王家の発展に一所懸命努めた。

そうやって先祖が苦労して周の国をしっかりした国につくってきたところに、「我が文考文王」父親の文王が出てきた。「克く厥の勲を成し、誕いに天命に膺り、以て方夏を撫す」文王は国のために立派な仕事をやり遂げ、天命を受けて、周辺国を打ち倒した。「大邦は其の力を畏れ、小邦は其の徳に懐く」大きな国は我々の力を畏れ、小さな国は、我々の徳に懐いた。しかし、「惟れ九年、大統未だ集らず」天命を受けて九年、まだ天下統一はなっていなかった。

予小子其れ厥の志を承く。商の罪を底して、皇天后土、過ぐる所の名山大川に告ぐ。曰く、惟れ有道の曾孫周王発、将に大いに商を正（征）する有らんとす。今商王受無道にして、天物を暴殄し、烝民を害虐し、天下逋逃の主と為り、淵藪に萃む。予小子既に仁人を獲、敢て祗んで上帝に承け、以て乱略を遏つ。華夏蛮貊、率俾して、天の成命を恭せざる罔し。肆に予東征し、厥の士女を綏んず。惟れ其の士女、厥の玄黄を篚にして、我が周王を昭かにす。天休震動し、用て我が大邑周に附す。惟れ爾有神、尚くは予を相けて、以て兆民を済へ。神の羞を作すこと無けん。

●天命に従い、文王の志を継ぎ、紂王の打倒を誓う武王

《予小子其れ厥の志を承く。商の罪を底して、皇天后土、過ぐる所の名山大川に告ぐ。曰く、惟れ有道の曾孫周王発、将に大いに商を正（征）する有らんとす。今商王受無道にして、天物を暴殄し、烝民を害虐し、天下逋逃の主と為り、淵藪に萃む。予小子既に仁人を獲、敢て

祇(つつし)んで上帝(じょうてい)に承(う)け、以(もっ)て乱略(らんりゃく)を遏(た)つ。》

「予小子其れ厥の志を承く」自分は父である文王の志を受け継ぐ。文王は長らく、「殷（商）の紂王の悪政は良くない。我々が立つべき時が来た」といっていたが、その願いを果たす前に亡くなってしまった。したがって、息子である私がその父の志を受けて「商の罪を底して」商の悪政の罪を正して、「皇天后土」大いなる天と国土、「過ぐる所の名山大川に告ぐ」自分がこれから攻めて行く途上に出合う名山や大きな川に告げる。

この「皇天」おおいなる天、という言葉は、最近あまり使いませんが、明治の頃にはよく使われました。天皇という敬称は、この「皇天」から来ています。また「后土」とは、先にも出てきた社稷のことです。社が土地の神、稷は食料の神を表しています。国家はこの二つから成り立っています。

では、なんと告げるのか。「曰く、惟れ有道の曾孫周王発」。「曾孫周王発」とは武王のことで、これは「道義、大道というものを心得ている周という国の末裔である私、王の発は」という意味になります。

「将に大いに商を正（征）する有らんとす」商は殷王朝の正式な名前です。当時は殷という国家名より、もともとの商という名称で呼ばれていたことがよくわかります。これから商を正そうと思っている、と。「今商王受」今天下を握っている商の王である受、これは紂王のことです。「無道にして、天物を暴殄し」全く道理に反して、自然の恵みをないがしろにしている。自然の恵みは天の愛情の発露です。我々が日々つつがなく暮らしているのは、天が敬愛をもっていろいろなものを授けてくれているからです。時には天災という形で注意を促すこともありますが、そうした例外を除けば、天は全身全霊をもって我々を助けようとしています。だから我々は、天の恵みに対して感謝していかなければならないのですが、紂王はそれをないがしろにしたため、国が荒れて、今まさに絶えようとしているわけです。

「烝民を害虐し」民を非情に損なって、「天下逋逃の主と為り」天下の罪人たちが逃げ込む先になり、「淵藪に萃む」朝廷が悪の巣窟になってしまっている。

「予小子既に仁人を獲」私はすでに人徳のある人々を得た。これは、人徳ある人々が今こそ立って成敗するときだといって自分の周りに集まってくれた、という意味でしょう。「敢て祗んで上帝に承け」天帝に「これから紂を討ちます」と報告したら「よろしく頼むぞ」と返事があった。それを受けて、「以て乱略を遏つ」乱れた政策をここで絶とう。

この天の裁きを受けるのが天誅です。逆に、つつがなく天の意に沿って政治を行っていれば、天恵を受けるわけです。俗にいう運が強いというのは天の応援を受けているということです。天の意向に反する政治をやっていれば、天は決して応援しません。その結果、今度は天命が違う人間に下り、その人間が今の王を討つということになるのです。

《華夏蛮貊、率俾して、天の成命を恭せざる罔し。肆に予東征し、厥の士女を綏んず。惟れ其の士女、厥の玄黄を篚にして、我が周王を昭かにす。天休震動し、用て我が大邑周に附す。惟れ爾有神、尚くは予を相けて、以て兆民を済へ。神の羞を作すこと無けん。》

「華夏蛮貊」当時の中国では、国内（華夏）も国外（蛮貊）もそういう状況にありました。だから「率俾して、天の成命を恭せざる罔し」天が「これは何とかしなければいけない」という想いを持っているのだから、その命を受けないわけにはいかない。「もうやるしかない」と切羽詰まっているわけです。

「肆に予東征し」ゆえに私は東征する。周の国から見て殷王朝の朝廷は東に位置するので、東へ行くといっているのです。「厥の士女を綏んず」都で塗炭の苦しみにあえいでいる民を救う。「惟れ其の士女、厥の玄黄を篚にして」の「玄」というのは「黒」という意味です。それゆえ、玄人と書くと「くろうと」と読みます。「黄」は「黄色」のことで、この黒と黄が色の中心を表します。そこから「玄黄」は「非常に大切なもの」を表しています。つまり、自分が紂王を討ちに行くときに、都の民は黒と黄の飾り物を飾って、「よく来てくれた、ぜひ、討ってくれ」と歓迎してくれた。その人たちに対して「我が周王を昭かにす」我々の周が持っている徳を明らかにする時が来た。

「天休震動し」天より命令を受けて、振るい動かされた結果、「用て我が大邑周に附す」すべてが我々の周に落ち着いた。「惟れ爾有神、尚くは予を相けて、以て兆民を済へ」これからもう一度、よりよい国家を打ち建てようと思っている。「神の羞を作すこと無けん」神の名を辱めるようなことをしないで、ぜひ全力で我々を助けてくれ、と。

次はその戦いの状況をリアルに描いている箇所を読んでみましょう。

既にして戊午、師孟津を逾ゆ。癸亥、商郊に陳し、天の休命を俟つ。甲子昧爽、受其の旅を率ゐること林の若くにして、牧野に会す。我が師に敵すること有る罔し。前徒戈を倒にし、後を攻めて以て北ぐ。血流れて杵を漂はす。一たび戎衣して、天下大いに定まる。乃ち商の政を反し、政は舊に由る。箕子の囚を釈き、比干の墓を封じ、商容の閭に式す。鹿台の財を散じ、鉅橋の粟を発し、大いに四海に賚ひて、而して万姓悦服す。爵を列する惟れ五、土を分つ惟れ三にす。官を建つるは惟れ賢、事に位するは惟れ能をす。民に重んずるは五教、惟び食喪祭。信を惇くし義を明かにし、徳を崇び功に報ゆ。垂拱して天下治まる。

●安定した暮らしを保障してやれば、民は自ら規範を守るようになる

《既にして戊午、師孟津を逾ゆ。癸亥、商郊に陳し、天の休命を俟つ。甲子昧爽、受其の旅

を率ゐること林の若くにして、牧野に会す。我が師に敵すること有る罔し。前徒戈を倒にし、後を攻めて以て北ぐ。血流れて杵を漂はす。》

「既にして戊午、師孟津を逾ゆ」戊午の刻になったときに、わが軍が孟津という場所を越えて戦闘態勢に入った。「癸亥、商郊に陳し、天の休命を俟つ」癸亥の刻になって、商の都の郊外に陣を張り、天の命令を待った。「甲子昧爽、受其の旅を率ゐること林の若くにして」甲子の未明、林のような大軍勢を率いる受（紂王）と、「牧野に会す」牧野という場所で開戦した。「我が師に敵すること有る罔し」我が軍には敵というものはない。そのぐらいによく戦ったということです。

「前徒戈を倒にし」敵軍の兵士は槍などの武器を反対に持って、「後を攻めて以て北ぐ」まるで自軍を攻めるように逃げていった。これは敵前逃亡したということです。武王の軍勢が攻めていったら、戦わずに自分の軍に武器を向けて逃げていったわけです。しかし、「血流れて杵を漂はす」兵士の血が流れ、盾が血の海に漂い浮き上がるほど戦いは激しかった、と。

《**一たび戎衣して、天下大いに定まる。乃ち商の政を反し、政は舊に由る。箕子の囚を釈き、比干の墓を封じ、商容の閭に式す。鹿台の財を散じ、鉅橋の粟を発し、大いに四海に賚ひて、而して万姓悦服す。**》

こうして「一たび戎衣して、天下大いに定まる」一度「戎衣」軍服を着て戦って、天下は安定して定まった。「乃ち商の政を反し、政は舊に由る」その後、殷王朝の政治を改めて、政治は本来の姿に返った。

「箕子の囚を釈き」の「箕子」は紂王の叔父で、博学で有名な教養高い人です。この人は紂王のやることなすことすべてに反対したので、捕らえられて獄につながれていました。その箕子を解放したのです。

「比干の墓を封じ」の「比干」は紂王の臣下でやはり教養高い人でしたが、ことごとく紂王に反対したため首をはねられてしまいました。死後、墓も満足になかったのですが、武王は土を盛り立てて墓を作ってあげました。

「商容の閭に式す」の「商容」は有名な賢人です。この人を表彰して、今までの頑張りを労った。

「鹿台の財を散じ」の「鹿台」は紂王が自分の財産をため込んでいる蔵みたいなものです。その蔵を開けて民のために使った。「鉅橋の粟を発し」の「鉅」も鹿台と同じく倉庫の名称です。そこにはたくさんの食料があったので、食料がなくて困っている民にそれを配った。このように「大いに四海に賚ひて、而して万姓悦服す」武王は天下に盛んに施しを行い、民は「何とありがたいことか」と喜んで服従しました。

《爵を列する惟れ五、土を分つ惟れ三にす。官を建つるは惟れ賢、事に位するは惟れ能をす。民に重んずるは五教、惟び食喪祭。信を惇くし義を明かにし、徳を崇び功に報ゆ。垂拱して天下治まる。》

「爵を列する惟れ五」よく戦った人間には、五段階に分けて爵位を与える。「土を分つ惟れ三にす」領土を広い土地、中間の土地、小さな土地の三段階に分けて表彰する。

「官を建つるは惟れ賢」新たに自分の政権をつくるときには賢者を任命して、「事に位するは惟れ能をす」仕事をしっかりやらせるために能力者を率先して抜擢して位に就けていく。

「民に重んずるは五教」父は義、母は慈、兄は友、弟は恭、子は孝という人間としての正当なあり方を示した五教を社会的な規範にする。「惟び食喪祭」食料を欠くことがないようにし、葬式や祀り事がしっかりできるようにする。

　このようにして「信を惇くし義を明かにし」民の信頼を厚くし、道義を明らかにして、「徳を崇び功に報ゆ」徳を貴んで、社会のために働いている人にはどんどん報いていく。「垂拱して天下治まる」そうすれば、人々は自ら規範をしっかり保って、命令しなくても、自然と治まっていく。皆が率先して正しい行いをするようになるということです。これは良い政治が天下に行われているという状況です。

さて、今回は湯王から始まり三十代続く殷王朝が、最後に紂王という良からぬ王様が出たことによって滅びることになったというお話でした。これから周が始まることになるのですが、この周もやがて滅んでいきます。そのような栄枯盛衰ということが歴史の中で明らかになってくるところを読んできました。

ここでは『書経』の中の「周書」の部分を読みましたが、「周書」には非常に具体的な国家運営のイロハ、現代でいえば経営のイロハが描かれていますので、自分の会社の経営に重ねて読んでいくとより理解しやすくなると思います。

第五講　洪範、旅獒、無逸、周官を読む

洪範

今回は「洪範」というところから始めます。「洪範」は洪水の洪に規範の範と書き、「すべてにわたっての規範」という意味になります。「遍く」の中には、自分の領土ばかりではなくて、地球全体、天と地、あるいはその間がすべて入っています。今風にいえば、「洪範」では宇宙の法則について述べられています。『書経』の中でも重要なところです。

第一節 序説

惟れ十と有三祀、王箕子を訪ふ。王乃ち言つて曰く、「嗚呼、箕子。惟れ天下民を陰騭して、厥の居を相協す。我其の彝倫の叙づる攸を知らず」と。箕子乃ち言つて曰く、「我聞く、昔に在て、鯀洪水を陻ぎ、其の五行を汨陳す。帝乃ち震怒して、洪範九疇を畀へず、彝倫攸て斁る。鯀は則ち殛死し、禹乃ち嗣いで興る。天乃ち禹に洪範九疇を錫ふ。彝倫攸て叙づ。初の一に曰く、五行。次の二に曰く、五事を敬用す。次の三に曰く、八政を農めて用ふ。次の四に曰く、五紀を協用す。次の五に曰く、皇極を建て用ふ。次の六に曰く、三徳を乂め用

ふ。次の七に曰く、稽疑を明かに用ふ。次の八に曰く、庶徴を念べ用ふ。次の九に曰く、五福を嚮け用ひ、六極を威し用ふ。

●リーダーが修めなければならない「彝倫」とは何か

《惟れ十と有三祀、王箕子を訪ふ。王乃ち言つて曰く、「嗚呼、箕子。惟れ天下民を陰騭して、厥の居を相協す。我其の彝倫の叙づる攸を知らず」と。》

「惟れ十と有三祀」周の武王の十三年、武王は箕子を訪ねた。箕子は先に出てきましたが、殷の紂王の叔父さんで、天下の教養人として非常に名高かった人です。なぜ箕子を訪ねたのか。武王はこういいました。

「嗚呼、箕子。惟れ天下民を陰騭して、厥の居を相協す」。ここにある「天下民を陰騭す」は、この世の中心を表す言葉です。「天は我々ばかりでなく、生きとし生けるものすべてをじっと見て、禍福を与えている」という意味になります。

この「陰騭」という言葉はしっかり理解しなくてはいけません。「陰騭」とは、天がひとときの休みもなく、人間の行為を見て、「よくやった。ご褒美をあげよう」「そんなことをしては駄目だ。少しばかりお灸を据えるぞ」といって禍福を与えることをいいます。「陰騭」は、天が人間に与える愛情の最たるものと理解すればいいでしょう。

明の袁了凡が書いた『陰騭録』という有名な書物もありますが、天が人間を非常に心配して、まさに「天網恢恢疎にして失わず」というように、天には嘘は通用しないというぐらい、陰から休むことなく人間の行動を見ているのです。

そうやって天は我々に禍福を与え、「厥の居を相協す」住むべきところを定めている。「ここがあなたの定着すべきところだ」といっているということですが、これは住居に限らず、心のあり方についてもいっていることです。

「我其の彝倫の叙づる攸を知らず」の「彝倫」は、東洋思想に出てくる大切な言葉で、常理、この世の常識とするべき理を指します。それゆえ、ここは「この世の中には『彝倫』という常理があると私は聞いているけれど、残念ながらまだそれを知らない」という意味になります。

つまり、武王は「国家の長になったら必ず彝倫を修めなければいけないというので、今日はそれを聞きに来たのだ」と箕子を訪ねたのです。

《箕子乃ち言つて曰く、「我聞く、昔に在て、鯀洪水を陻ぎ、其の五行を汨陳す。帝乃ち震怒して、洪範九疇を畀へず、彝倫攸て斁る。鯀は則ち殛死し、禹乃ち嗣いで興る。天乃ち禹に洪範九疇を錫ふ。彝倫攸て叙づ。》

「箕子乃ち言つて曰く」箕子はそれに対して次のように答えました。「我聞く」私は、こう聞いております。「昔に在て、鯀洪水を陻ぎ、其の五行を汨陳す」大いなる昔に鯀という人がいました。

我々はこの鯀について、すでに第一講に学びました。鯀は禹の父親です。堯帝から任命されて、国家的な懸案事項であった治水事業に取り掛かりました。ところが、「九載、績用成らず」九年かかってもうまくいかず、結局、政治犯として遠方に流され、そこで死んでしまいました。その後、息子の禹が治水事業に成功して、父の無念を晴らしたのです。

「鯀洪水を陻ぎ、其の五行を汨陳す」鯀が洪水を治めることができなかったのは、その五行という一番重要な天の条理を「汨陳」乱してしまったからです。つまり、箕子は、「鯀が天の条理に反したから洪水を治めることができなかった」といっているのです。洪水も天の働きですから、洪水が治められなかったのは天の条理を知らなかったからだということになるわけです。

だから「帝乃ち震怒して、洪範九疇を畀へず」天帝が怒りを発して、本来、天に代わって仕事をする人に与えるはずの「大きな規範の九つの心得」を与えなかった。したがって、「彝倫攸て斁る」鯀のために彝倫が通じていなかった。その結果、「鯀は則ち殛死し、禹乃ち嗣いで興る」鯀は刑死して、息子の禹が後を継いだのだ、と。

禹の業績について書いた「禹貢」に書かれていたように、禹は治山治水をやりながら国土の開発をし、さらには産業を興し、富を集めるという一大改革を成し遂げました。これは天の意志をよく知って行ったため「天乃ち禹に洪範九疇を錫ふ」天は禹に洪範九疇を与えたのです。

天の望みとは、生きとし生けるものがその命を全うするということであり、さらにいえば、愉快な人生を送るための健全な社会をつくるということです。「天に代わってその望みを実現してくれ」と命を受けて地上に降ろされたのが人間なのです。それゆえ、人間の大いなる使命とは天に代わって、生きとし生けるものの幸せを促進すること、人間だけでなくあらゆるもののお世話係になることなのです。

鯀は、天の努力を無にしてしまうようなやり方をしたけれど、禹は国土を徹底的に活かして使いました。そういう人間には、天は洪範九疇を与えるというわけです。

「彝倫攸て叙づ」そこから彝倫が復活した。禹の時代から蘇ったということです。

《初の一に曰く、五行。次の二に曰く、五事を敬用す。次の三に曰く、八政を農めて用ふ。次の四に曰く、五紀を協用す。次の五に曰く、皇極を建て用ふ。次の六に曰く、三徳を乂め用ふ。次の七に曰く、稽疑を明かに用ふ。次の八に曰く、庶徴を念べ用ふ。次の九に曰く、五福を嚮け用ひ、六極を威し用ふ。》

では、洪範九疇とはどういうものなのか。次に説明されています。

「初の一に曰く、五行」一つ目は五行。

「次の二に曰く、五事を敬用す」二つ目は五事。五事とは、五行に応じて行われるべき人間の動作を表します。

「次の三に曰く、八政を農めて用ふ」三つ目は八政。これは政治の八大業務のこと。

「次の四に曰く、五紀を協用」四つ目は五紀。諸業務の基準となる五つの規範です。

「次の五に曰く、皇極」五つ目は皇極。これは王の法で、王様が心得るべきこと。

「次の六に曰く、三徳」六つ目は三徳。根本を成す三つの徳です。

「次の七に曰く、稽疑」七つ目は稽疑。難問を解決する方法です。

「次の八に曰く、庶徴」八つ目は庶徴。これは五事に応じて、天が示すべきものです。

「次の九に曰く、五福を嚮け用ひ、六極を威し用ふ」最後の九つ目は五福六極。五つの幸いがあれば、必ず六つの災いがある。それが陰陽というものです。そう心得なければいけないということをいっています。

ここでは「五行」から「五紀」まで、その内容を見ていきたいと思います。

第二節　五　行

一、五行。一は水と曰（＝為）す。二は火と曰す。三は木と曰す。四は金と曰す。五は土と曰

す。水は潤下と曰す。火は炎上と曰す。木は曲直と曰す。金は従革と曰す。土は稼穡と爰す。潤下は鹹を作す。炎上は苦を作す。曲直は酸を作す。従革は辛を作す。稼穡は甘を作す。

●正しい社会には「五行」がしっかり息づいている

《一、五行。一は水と曰（＝為）す。二は火と曰す。三は木と曰す。四は金と曰す。五は土と曰す。》

ここでは五行について説明しています。「五行とは、一に水、二に火、三に木、四に金、五に土」だといっています。この五つは、世の中を形成する天が我々に与えた恩恵の最たるものです。

天はまず水を与えてくれました。水がなければ人間は生きられません。水が命を与えてくれるのです。

そして、命を長らえるために必須のものが二つ目の火です。火も天が与えてくれているのですが、人間はなかなかそれに気づきませんでした。火に気づくと、生活が非常に豊かになりました。

三つめの木は木材。何をするにしても木は重要です。

四つめは金。これはお金だけでなく、金属という素材そのものを表しています。五つめは土。これは土地です。土地があるから我々は農作物に恵まれるのです。

この五つのものを天が与えてくれた有り難さを知って、水火木金土をしっかり掴むことが、『書経』で説かれている政治の根本です。この水火木金土を本当に有り難いと思って使い尽くしているかどうかが常に問われるといっているわけです。

『書経』を一番深読みしたのが、横井小楠です。横井小楠は、こういうところは必ず我々の現実の生活に即して読まなければいけないといっています。その言葉にしたがって、ここを生活に即して読むとすれば、我々は水を本当に有り難いと思って無駄遣いしていないかをよく見て、使いもしないのに水道を流していないか、よくチェックする必要があります。

我々は何かというと「手を洗いなさい」といわれますが、地球上には洗うべき水さえない国や地域がたくさんあります。だから、日本人が水に恵まれたというのは、まさに天の恵みに恵まれたのです。それに感謝し、慎重に慎重に、大切に大切に使わなくてはいけません。

この『書経』でも読んできましたが、「正徳」正しい徳を持って、「厚生」命を厚く、「利用」よく用いるということが政治の根本です。天から与えられているものをもう一度よく点検して、徹底的に効果的に活用しているかどうかをはかる。それが政治なのですが、そうした考え方の基本に、この五行があるわけです。

《水は潤下と曰す。火は炎上と曰す。木は曲直と曰す。金は従革と曰す。土は稼穡と爰す。》

「水は潤下と曰す」とは、基本的な性能を表しているとされます。水にはすべてのものを潤す役割があります。カッカして対立している状況でも、冷たい美味しい水を分かち合うことによって心が潤う。そういう役割が水にはあるということです。

「火は炎上と曰す」火には燃え上がる力がある。それゆえ、いろいろな動力、機械その他のエネルギーとして使えるのです。

「木は曲直と曰す」木は曲がっていたり真っすぐであったりする。生育の状況によって形が変わるので、まっすぐの人間にしようと思えば、まっすぐの人間が生育できるような社会環境にしなければいけません。

「金は従革と曰す」金属が豊富になかった時代には、兜とか防御の道具はすべて動物の皮で作りました。「金は従革」とは、金には革のような性質があるということ。動物の皮は何回も鍛えると非常に強いものになっていきます。その意味で、金属には柔らかさと強さの二つの性格があるといっているのです。

「土は稼穡と爰す」土は種を蒔き、緑を得るところに一番本領が発揮できるということです。

それぞれの持つ性質を知ると、水火木金土の五行それぞれが本領発揮する使い方がわかるではないかといっているわけです。

《潤下は鹹を作す。炎上は苦を作す。曲直は酸を作す。従革は辛を作す。稼穡は甘を作す。》

次に、五行のそれぞれの性質を人間の生活や身体の機能に即して考えると何がいえるのかということが述べられています。

水は「潤下」で「鹹を作す」ですから、「鹹」塩辛い。

火は「炎上」で「苦を作す」ですから、苦い。

木は「曲直」で「酸を作す」ですから、酸っぱい。

金は「従革」で「辛を作す」ですから、辛い。

土は「稼穡」で「甘を作す」ですから、甘い。

つまり、五行が味覚の話になっていくわけです。このように見ると、天が我々に与えてくれた五行は、我々の生活とも密接な関係にあることがわかります。それを示すことにより、絶対に無駄遣いをしてはならないということを説いているのです。

人々が五行に基づいた生き方をしている社会が正しい社会であり、正しい社会をつくるのが正しい政治です。だから、政治が正しいかどうかは、正しい社会が興っているかどうかをよく見ればわかるのです。

第三節　五　事

二、五事。一は貌と曰す。二は言と曰す。三は視と曰す。四は聴と曰す。五は思と曰す。貌は恭と曰す。言は従と曰す。視は明と曰す。聴は聡と曰す。思は睿と曰す。恭は粛を作す。従は乂を作す。明は哲を作す。聡は謀を作す。睿は聖を作す。

●人間のあるべき姿を示している「五事」

《**二、五事。一は貌と曰す。二は言と曰す。三は視と曰す。四は聴と曰す。五は思と曰す。**》

二番目には五事をあげています。五事は五行に応じた人間の動作をいいます。

「一は貌と曰す」一つ目は顔つき態度。人間を最初に表すのは顔つきや態度だということ。だから、いつも正しくしておかなければならないというわけです。

「二は言と曰す」二つ目は言葉。人間は天に代わってこの世に降りてきたのですが、口があり言語を持っていますから、時として、うかつな言葉が悪い事態を引き起こしてしまうことがあります。だから、自分の意見を述べたり、誰かに命令をするときなどは、慎重でなければならないということです。

「三は視と曰す」三つ目は視るということ。我々は物事を見るという能力を授かっています。「視」というのは、ただ目で見るのではなく、「心を見る」という意味です。表面的な部分にとどまらず、その奥にあるものを視なくてはならないのです。

「四は聴と曰す」四つ目は聴くということ。これもただ聞くのではなくて、「心を聴く」ということです。

「五は思と曰す」五つ目は思うということ。これは「考える」ということです。考えることが人間の本質なのだといっているわけです。

《貌は恭と曰す。言は従と曰す。視は明と曰す。聴は聡と曰す。思は睿と曰す。》

次に、今いった人間のあり方がどうならなくてはいけないのかということを示しています。

一つ目は「貌は恭と曰す」。顔つき態度は恭しいことが非常に大事だということです。恭しいの反対は傲慢ですから、そういう顔つきや態度はよくないというわけです。

二つ目は「言は従と曰す」。言葉は従順であることが重要だということです。

三つ目は「視は明と曰す」。視ることで一番重要なのは「明」である。明とは心までよく視るということです。

四つ目は「聴は聡と曰す」。聴くとは心までよく聴くということです。相手の言葉を聞いて、その意味だけしかわからないのでは、聴いているとはいえない。その言葉の裏にある心をよく聴きなさいといっているわけです。

この三つ目と四つ目の「心を視て、心を聴く」ことを「聡明」といいます。「視は明」「聴は聡」を反対にすれば「聡明」になります。聡明な人は、自分に与えられた「視る」「聴く」という機能を深く使っているのです。

五つ目は「思は睿と曰す」。睿というのは感慨深いということです。感慨深いという思いに至るには、深い考えがなければいけないということです。

《恭は粛を作す。従は乂を作す。明は哲を作す。聡は謀を作す。睿は聖を作す。》

今度は、今いったことをさらに掘り下げていきます。

一つ目は「恭は粛を作す」。先に「貌は恭」といいましたが、恭とは「厳粛」ということなのです。つまり、恭は厳粛な態度によって示されることになります。

二つ目は「従は乂を作す」。言は従であるといいました。つまり、言葉は従順さが重要なのですが、従順とは「乂」治めるという意味です。問題を起こすために言葉があるわけではない。言葉は物事を治めていくためにあると心得よ、ということです。

三つ目は「明は哲を作す」。視は明であり、明の本質は「哲」である。「哲」とは人間をよく視るということです。人間通、人間をよく知るのが「哲」です。

四つ目は「聡は謀を作す」。謀は謀略という熟語に使われますが、そもそも「明敏」という意味です。「聴は聡」でしたが、その人が心で何を思っているかを聴いて、聴いたらそれをどう活かしていくかを考えることが大事なのです。

五つ目は「睿は聖を作す」。聖とは「道理を弁える」ということ。「思は睿」ですから、思うとは道理を弁えることなのです。

五事はこういうふうに成り立っています。五行と五事のつながりが理解できると、人間のあるべき姿が見えてくると思います。

第四節　八　政

三、八政。一は食と曰す。二は貨と曰す。三は祀と曰す。四は司空と曰す。五は司徒と曰す。六は司寇と曰す。七は賓と曰す。八は師と曰す。

●政治の八代業務を表す「八政」

「八政」は、政治の八大業務のことをいいます。

「一は食と曰す」政治の第一の業務とは、民が食糧をしっかり確保できるようにすることです。つまり、食の安全とか自給率を第一に挙げなくてはいけないのです。

「二は貨と曰す」とは貨幣、お金が大事だということです。

「三は祀と曰す」とは祭祀、お祀り事が大切だということ。祭祀がなぜ必要かというと、我々が天から膨大なものを与えられていることに対して感謝を伝えるためです。天に対してお祀りをし、お祈りをして感謝を伝えるわけです。だから、祭祀は政治にとっても非常に重要なことなのです。

「四は司空と曰す」の司空とは「土木民事」です。

「五は司徒と曰す」の司徒とは「教育」です。

「六は司寇と曰す」の司法とは「法を司る」業務です。

「七は賓と曰す」の賓とは「外交」です。

「八は師と曰す」の師とは「軍事」です。

したがって、政治を行うために大臣を置くときには、一番は食糧庁長官、二番が財務長官、三番は祭礼を通じて人間の本質をしっかり司ることを担当する大臣。四番は土木民事を司る大臣。五番は教育を司る大臣。六番は法律を司る大臣。七番は外交を司る大臣。八番は軍事を司る大臣という順番になります。

第五節　五　紀

四、五紀。一は歳と曰す。二は月と曰す。三は日と曰す。四は星辰と曰す。五は暦数と曰す。

〔曰く、『王の省みるは惟れ歳。卿士は惟れ月。師尹は惟れ日。歳月日、時れ易無ければ、百穀用て成り、乂用て明にして、俊民は用て章かに、家は用て平康なり。日・月・歳、時れ既に易るれば、百穀用て成らず、乂は用て昏にして明ならず、俊民は用て微にして、家は用て寧からず。庶民は惟れ星。星に好風有り。星に好雨有り。日月の行には、則ち冬有り夏有り。月之し星に従へば、則ち風雨以り』と。〕

●年・月・日の計画には整合性がなければならない

《四、五紀。一は歳と曰す。二は月と曰す。三は日と曰す。四は星辰と曰す。五は暦数と曰す。》

五紀というのは、諸業務の五つの規準を挙げています。

「一は歳と曰す」。一つ目は歳。これは年の巡り、つまり暦のことをいっています。

「二は月と曰す」。二つ目は月の巡り、一年間の計画。今でいえば年度計画です。

「三は日と曰す」。これは一年間の計画を日に落とすということです。一日一日、今日は何をしなければいけないのかを決めることです。

歳の計画と、月の計画と、日の計画は、当然、関係し合っています。歳の計画から月の計画が決まり、月の計画から日の計画が決まります。したがって、ここに整合性がなければ意味がありません。毎日やっていることと年の計画が全然関係ないとしたら、一体、何のための毎日なのかという話になってしまいます。

したがって、この歳月日の巡り、関係性をしっかりしなければいけない。これは近代経営学でも強く説かれていることです。それをすでに古代にいっているところに凄さがあります。

「四は星辰と曰す」。四つ目は星の巡りです。

「五は暦数と曰す」。五つ目の暦数とは暦のことです。

これらは世の千変万化する変化、時代の変化をよく読めといっています。

以上、ここに挙げた五つは、人間がよく見ていかなければいけないことをいっています。

●ポジションは「どこを見るか」を明らかにするためにある

《曰く、『王の省みるは惟れ歳。卿士は惟れ月。師尹は惟れ日。歳月日、時れ易無ければ、

百穀用て成り、乂用て明にして、俊民は用て章かに、家は用て平康なり。日・月・歳、時既に易るれば、百穀用て成らず、乂は用て昏にして明ならず、俊民は用て微にして、家は用て寧からず。庶民は惟れ星。星に好風有り。星に好雨有り。日月の行には、則ち冬有り夏有り。月之し星に従へば、則ち風雨以り』と。」》

次に「王の省みるは惟れ歳」。トップにいる人間が何を見なければいけないかというと歳（年）である、と。つまり、トップは「今年、何を行わなければならないか」を見る。トップが歳を見ず、たとえば月を見ていると、大きな悔いを残すことになります。地位というものは順番にできていて、それぞれの立場で見るべき点と見方、視点つまり責任を取るべき対象が違うということをいっているのです。

「卿士は惟れ月」もそういうことです。「卿士」は王の側近で、会社でいえば役員の立場にある人です。そういう人たちは月を見ろ、と。毎月毎月、「今月は何をしなければならないか」を見て、指示を出さなければいけないというわけです。

「師尹は惟れ日」も同じです。「師尹」は部長・課長クラスの人たちです。そういう立場にある人は日を見て、「今日は何をするか、明日は何をするか」を見て指示を出していかなくてはならない。

このようにポジションとは「どこを見るか」を明らかにするためにあるのです。

さらに注目すべきは、時間・空間の関係を表しているところです。それは「歳月日、時れ易無ければ」という箇所です。これは「歳月日に乱れがなく、整合性がとれていないといけない」といっているのです。つまり、今日の行いが月の計画や歳の計画から外れていなければ、「百穀用て成り」諸々の穀物は順調に育っていく。「乂用て明にして」の「乂」は政治のことですが、治まるべきものが治まっていくということです。そして、「俊民は用て章かに」優れた人々は才能がどんどん発揮できるし、「家は用て平康なり」一家眷属は安穏に平穏無事に過ごしていくことができる。

ところが、「日・月・歳、時れ既に易るれば」日・月・歳の整合性がとれていない、なぜ今日これを行うのかがわからないと、「百穀用て成らず」穀物はうまく実らない。年間計画を立てて、ここには何を植えて、どのくらいの収穫を得るかと決めても、それに従わなければ、計画はどんどん狂ってしまうわけです。

そうなると収まるべきものが全然収まっていかないから、「乂は用て昏にして明ならず」政治は混迷の度を深めてしまうし、「俊民は用て微にして」才能のある優秀な人も世間から隠れてしまって本領が発揮できない。「家は用て寧からず」これでは一家が安寧に暮らすこともできない。

次の「庶民は惟れ星」は非常に重要です。当時は農業が主でしたから、庶民は星をしっかり見ていなければいけない、と。さらに「星に好風有り。星に好雨有り」風や雨は農業にとっては大切なものだけれど、これはすべて星を観ることから明らかになるといっています。ですから、当時の人たちの星を観る目には凄いものがありました。天文観測というと今はプロの仕事ですが、江戸時代ぐらいまでは、農民たちが自ら星を観て、「明日は晴れだ」「明日は雨だ」と判断していました。

「日月の行には、則ち冬有り夏有り」月日の運行には四季の変化というものがある。ここでも四季の変化をよく読んで、準備万端整えておくことの大切さを説いています。

また、月の動きも我々の生活には大きな影響を及ぼしています。「月之し星に従へば、則ち風雨以り」月も星に従うことが重要で、今年は風の吹く日が多いか雨の降る日が多いかということも、星の読みようによっては事前にわかるというのです。それがわかると、「来年は雨が多そうだから、川を少し深く掘っておこう」「洪水にならないように、堤防をしっかり整えておこう」と事前に備えることも可能になるのです。

しっかり整合性がとれていれば何事もスムーズに進んでいくし、整合性がとれていなければさまざまな無駄が生じることになるということです。皆さんも、このあたりはしっかり心得ておいていただきたいと思います。

第六節　皇極

五、皇極。皇は其の有極を建て、時の五福を斂め、用て敷く厥の庶民に錫ふるなり。惟れ時に厥の庶民は、汝の極に于て、汝と錫に極を保らん。凡そ厥の庶民は、淫りに朋する有る無く、人比徳有る無く、惟れ皇の作れる極のみ。凡そ厥の庶民の猷有り、為す有り守る有るもの、汝は則ち之を念ひ、極に協せざれども、咎に罹らざれば、皇は則ち之を受けて而の色を康くして、『予は好徳を攸む』と曰はば、汝は則ち之に福を錫へよ。時の人は斯ち其れ惟れ皇の極のみなれば、煢独を虐げて、高明を畏るる無からん。人之し能有り為す有つて、其の行を羞めしむれば、而ち邦は其れ昌ならん。凡そ厥の正人は、既に富み方せて穀して、汝而の家に好有らしむる能はざれば、時の人を斯ち其れ辜せよ。其の好無きに于て、汝之に福を錫ふと雖も、其ち汝に作いるに咎を用てせん。偏無く頗無く、王の誼に遵へ。好を作す有る無く、王の道に遵へ。悪を作す有る無く、王の路に遵へ。偏無く党無く、王道蕩蕩。党無く偏無く、王道平平たり。反無く側無く、王道正直たり。其の有極に会り、其の有極に帰せよ。曰く、『皇は、極の敷言に、是れ彝とし是れ訓ひ、帝に于て其れ訓（＝順）へ。凡そ厥の庶民は、極の敷言に、是れ訓ひ是れ行ひ、以て天子の光に近づけ』と。曰く、『天子は、民の父母と作り、以て天下

の王と為れ』と。

●王たる者の在り方

五は皇極です。皇極とは、皇、王様が立派な法を立てて、民に五福を与える権限を王のみが持って、法に従う民に五福を与えることとしています。そうすれば民は、汝というのは王のことですが、王と、王の法を、王とともに守るだろうということです。

《凡そ厥の庶民は、淫りに朋する有る無く、人比徳有る無く、惟れ皇の作れる極のみ。凡そ厥の庶民の猷有り、為す有り守る有るもの、汝は則ち之を念ひ、極に協せざれども、咎に罹らざれば、皇は則ち之を受けて而の色を康くして、『予は好徳を攸む』と曰はば、汝は則ち之に福を錫へよ。時の人は斯ち其れ惟れ皇の極のみなれば、煢独を虐げて、高明を畏るる無からん。》

およそその民は、みだりに徒党を組むことはなく、官吏は私利を守り合うことなく、王の法だけを守るべきである。およそ民が自分なりに行うべきこと、守るべきと思うものがあったとしても、王はこれをよく思い調べて、法にそっていなくても、とがめにかからなければ、王はこれを受けて、その顔の表情を安らかにして、そうした民が『私は善い徳を修めています』といえば、王は福を与えなさい。こういう人は、王の法を守っているのであるから、身よりのない者を虐げたり、権勢のある者にへつらったりすることはないだろう。

《人之し能有り為す有つて、其の行を羞めしむれば、而ち邦は其れ昌ならん。凡そ厥の正人は、既に富み方せて穀して、汝而の家に好有らしむる能はざれば、時の人を斯ち其れ辜せよ。其の好無きに于て、汝之に福を錫ふと雖も、其ち汝に作いるに咎を用てせん。》

官吏で能力があり業績をあげようとしている者があれば、実行を促進すれば、国は盛んになるだろう。およそ諸官の長がすでに富み、俸禄を得ているのに、王家に貢献しないのであれば、罰しなさい。貢献もないのに、王がそういう者に福を与えると、かえって王に咎をもって返すであろう。

《偏無く頗無く、王の誼に遵へ。
好を作す有る無く、王の道に遵へ。
悪を作す有る無く、王の路に遵へ。
偏無く党無く、王道蕩蕩。
党無く偏無く、王道平平たり。
反無く側無く、王道正直たり。》

ここが覇道、王道の「王道論」の源泉になっているところです。王道の精神を説いていると読んでいいでしょう。

「偏無く頗無く」とは、両方とも片寄ることなくという意味です。「王の誼」とは、王たるものの意義、なぜ王が必要かという大義に従えといっているのです。

「好を作す有る無く」とは、自分の個人の判断に基づくのでなく「王の道」王の在るべき様に従え、ということです。「悪を作す有る無く」善くないことへと向かうのでなく、「王の路」王たる者が行うべきことに向かえ、ということです。

この次が重要で、「偏無く党無く」片寄ることはすべて良くないことに向かう出発点、徒党を組むことは、公平を欠くことの出発点だといっているのです。

そこで出てくる言葉が「王道蕩蕩」です。

『論語』に「君子は坦として蕩蕩たり」、立派な人間は、公平冷静で、ゆったり堂々としているという言葉がありますが、まさにこの意義です。

「王たる者の在り方は、常に冷静沈着、公平公正であり、ゆったりとしている」といいます。

「党無く偏無く、王道平平」は、念を押しているのです。

「反無く側無く」背反、そむくところも外れるところもなく「王道正直たり」王道は真っ直ぐだ、というのです。

《其の有極に会り、其の有極に帰せよ。曰く、『皇は、極の敷言に、是れ彝とし是れ訓ひ、帝に于て其れ訓(=順)へ。凡そ厥の庶民は、極の敷言に、是れ訓ひ是れ行ひ、以て天子の光に近づけ』と。曰く、『天子は、民の父母と作り、以て天下の王と為れ』と。》

その法に集まり、その法に帰れ。そのようにすれば『王は布告した法を常道としてしたがい、天の命にしたがえ。およそ、庶民は法にしたがい行って、そして天子の光に近づけ』といっているのです。

『天子は民の父母であり、そうしたことにより、真の天下の王となれ』

王、つまり為政者というものの根本とは何かということを説いているのです。

世のリーダーは心して読んでもらいたいものです。

第七節　三徳

六、三徳。一は正直と曰す。二は剛克と曰す。三は柔克と曰す。平康は正直。彊友は剛克。爕友は柔克。沈潜は剛克。高明は柔克。惟れ辟は福を作し、惟れ辟は威を作し、惟れ辟は玉食す。臣は福を作し威を作し玉食する有る無し。臣之し福を作し威を作し玉食する有れば、其ち而の家を害ひ、而の国に凶あり、人は用て側頗僻し、民は用て僭忒せん。

●三徳とは、正直・剛克・柔克

《六、三徳。一は正直と曰す。二は剛克と曰す。三は柔克と曰す。平康は正直。彊友は剛克。燮友は柔克。沈潜は剛克。高明は柔克。惟れ辟は福を作し、惟れ辟は威を作し、惟れ辟は玉食す。》

六番目は三徳です。三徳とは、「第一は正直」。まっすぐな心を忘れない。「第二が剛克」。剛毅をもって行うこと。「第三は柔克」。柔軟な心で困難に耐えること。

「平康」とは、公平で康らかなこと。それは正直の徳に必要である。

「彊友」とは、義を強く思って人と交わること。それは剛克の徳に必要である。

「燮友」とは、和して人と交わること。それは柔克の徳に必要である。

「沈潜」とは、もの事を深く考えること。それは剛克の徳に必要である。

「高明」とは、もの事の道理を見通すこと。それは柔克の徳に必要である。

ただ王だけが福を与え、「威」とは、刑罰を与え、珍味を食す。

《臣は福を作し威を作し玉食する有る無し。臣之し福を作し威を作し玉食する有れば、其ち而の家を害ひ、而の国に凶あり、人は用て側頗僻し、民は用て僭忒せん。》

臣下が福を与え威を与え珍味を食べることがあってはならない。臣下がもし福を与え威を与え珍味を食べることがあったら、それは王と臣下が逆転してしまうのだから王家を害い、王国に凶があり、それによって官吏は不正を行い、民は自分勝手になり、よからぬことを行うようになる、といっています。

第八節　稽疑

七、稽疑。択んで卜筮の人を建立するなり。乃ち卜筮に命ずるに、曰く雨、曰く霽、曰く蒙、曰く駅、曰く克、曰く貞、曰く悔。凡て七。卜は五に、占は二に用ひ、衍忒す。時の人を立てて、卜筮を作すに、三人占へば、即ち二人の言に従ふ。汝則し大疑有れば、謀るに乃の心と及にし、謀るに卿士と及にし、謀るに庶人と及にし、謀るに卜筮と及にせよ。汝則ち従ひ、亀従ひ、筮従ひ、卿士従ひ、庶民従へば、是を之れ大同と謂ふ。身其れ康彊にして、子孫其れ逢（＝大）いなり。吉なり。汝則ち従ひ、亀従ひ、筮従ひて、卿士逆ひ、庶民逆ふは、吉なり。卿士従ひ、亀従ひ、筮従ひて、汝則ち逆ひ、庶民逆ふは、吉なり。庶民従ひ、亀

従ひ、筮従ひて、汝則ち逆ひ、卿士逆ふは、吉なり。汝則ち従ひ、亀従ひ、筮逆ひ、卿士逆ひ、庶民逆へば、内を作すは、吉なり。外を作すは、凶なり。亀筮共に人に違はば、用て静なれば、吉なり。用て作せば、凶なり。

●王の決定すべき事項

《七、稽疑。擇んで卜筮の人を建立するなり。乃ち卜筮に命ずるに、曰く雨、曰く霽、曰く蒙、曰く駅、曰く克、曰く貞、曰く悔。凡て七。卜は五に、占は二に用ひ、衍忒す。時の人を立てて、卜筮を作すに、三人占へば、即ち二人の言に従ふ。》

七番目は「稽疑」です。「稽」とは考えること。「疑」は更に考えること。どちらも深く思考することです。

「卜」とは、亀の甲を焼いて占うことです。「筮」は、筮竹を使って占うことで、それらを行う人を選んで立てることが「稽疑」だといっているのです。

それらの人が決まると、早速占いを命じるわけですが、その占うテーマは、「雨、霽、蒙、駅、克、貞、悔」としています。

雨が降るか。霽は晴れるか。蒙はくもりか。駅は半ぐもりか。克は戦いに勝つか。貞はただしいか。悔は悔いがあるか。

つまり当時の国家にとっての最大事項である農事と戦争を中心に、王の決定すべき事項を挙げているのです。

卜は五つの事項の占いに用い、筮竹の占いはあと二つに用い、卜筮には様々な変化がある。卜筮を三人で行った時は、多数となる二人の言に従うのである。

《汝則し大疑有れば、謀るに乃の心と及にし、謀るに卿士と及にし、謀るに庶人と及にし、謀るに卜筮と及にせよ。汝則ち従ひ、亀従ひ、筮従ひ、卿士従ひ、庶民従へば、是を之れ大同と謂ふ。身其れ康彊にして、子孫其れ逢（＝大）いなり。吉なり。汝則ち従ひ、亀従ひ、筮従ひて、卿士逆ひ、庶民逆ふは、吉なり。》

汝とは王のこと。王が大疑、大きな問題があれば、「謀るに乃の心と及にし」自分の心に謀り、「謀るに卿士と及にし」、卿士に謀り、「謀るに庶人と及にし」民と謀り、「謀るに卜筮と及にせよ。」卜筮と謀るようにしなさい。

占いに頼りきってしまうのではなく、「自分の心」「卿士」「庶人」「卜筮」という四者の意見の上で決定しろといっているのです。

「汝則ち従ひ、亀従ひ、筮従ひ、卿士従ひ、庶民従へば」つまり全員がこちらに従おうと一致すれば、「是を大同と謂ふ」これを大同というのだ。そうなれば、「身其れ康彊にして、子孫其れ逢（＝大）いなり。吉なり。」王の身も健康で強健、子孫も大いに栄えることになる。吉である。後の叙述を考慮すれば、大吉といえるのです。

《汝則ち従ひ、亀従ひ、筮従ひて、卿士逆ひ、庶民逆ふは、吉なり。卿士従ひ、亀従ひ、筮従ひて、汝則ち逆ひ、庶民逆ふは、吉なり。庶民従ひ、亀従ひ、筮従ひて、汝則ち逆ひ、卿士逆ふは、吉なり。汝則ち従ひ、亀従ひ、筮逆ひ、卿士逆ひ、庶民逆へば、内を作すは、吉なり。外を作すは、凶なり。亀筮共に人に違はば、用て静なれば、吉なり。用て作せば、凶なり。》

自分の心も従い、亀甲の占いも従い、筮竹の占いも従うが、卿士は反対し、庶民も反対する場合は、（小）吉。

卿士も従い、亀甲も従い、筮竹も従うが、自分の心が反対、庶民も反対の場合は、（小）吉。

庶民従い、亀甲従い、筮竹従い、自分の心が反対、卿士も反対である場合は、（小）吉。

自分の心が従い、亀甲も従い、筮竹も従い、卿士は反対、庶民も反対の場合、国内の事であれば吉。国外の事であれば凶となる。

亀甲と筮竹という占いの意見と、王、卿士、庶民という人間の意見が違う場合には、静かにしていれば吉。下手に動くと凶といっています。

第九節 庶徴

八、庶徴。雨と曰し、暘と曰し、燠と曰し、寒と曰し、風と曰す。曰く、「時の五者来り備り、各々其の叙を以てせば、庶草蕃廡す。一つ極めて備れば、凶。一つ極めて無ければ、凶」と。曰く、『休徴は、曰く「粛には時雨若ひ」、曰く「乂には時暘若ひ」、曰く「哲には時燠若ひ」、曰く「謀には時寒若ひ」、曰く「聖には時風若ふ」と』と。曰く、『咎徴は、曰く「狂には恒雨若ひ」、曰く、「僭には恒暘若ひ」、曰く「予には恒燠若ひ」、曰く「急には恒寒若ひ」、曰く「蒙には恒風若ふ」と。』》

●物事には徴候がある

《八、庶徴。雨と曰し、暘と曰し、燠と曰し、寒と曰し、風と曰す。曰く、「時の五者来り備り、各々其の叙を以てせば、庶草蕃廡す。一つ極めて備れば、凶。一つ極めて無ければ、凶」と。》

八番目は庶徴。もろもろの徴候という意味です。どのような徴候かといえば、雨、暘とは陽で晴れでお日様が出ていること。燠は煖、暖であたたかなこと。寒はさむい。風はかぜ。この五つのものが、おのおの定まった順序で来るならば、もろもろの草が生い茂ることになる。一つだけが多ければ凶の徴候。

《曰く、『休徴は、曰く「粛には時雨若ひ」、曰く「乂には時暘若ひ」、曰く「哲には時燠若ひ」、曰く「謀には時寒若ひ」、曰く「聖には時風若ふ」と』と。》

「休徴」とは、めでたい徴候。それは、「粛」とは、王が天と五つのものを敬うのであれば「時雨」その時欲する雨が降ってくる。「乂」も五つの道理を知ることで、「暘」その時欲する陽気降って来る。「哲」は五つのものの大切さを知ること。王がそのようであれば、「時燠」その時欲する暖かさが降ってくる。「謀」とは、五つのものの貴重さを認識すること。王がそのようであれば、「時寒」その時欲する寒さが降ってくる。「聖」とは、理に通じること。王がそのようであれば、「時風」その時欲する風が吹いてくる。

《曰く、『咎徴は、曰く「狂には恒雨若ひ」、曰く「僭には恒暘若ひ」、曰く「予には恒燠若ひ」、曰く「急には恒寒若ひ」、曰く「蒙には恒風若ふ」と。』》

「咎徴」とは、わざわいの徴候。「狂」王が「粛」に反すれば、「恒雨」長い雨が降り続く。「僭」王が「乂」に反すれば、「恒暘」長い日照りが続く。「予」王が「哲」に反すれば、「恒燠」長い暑さが続く。「急」王が「謀」に反すれば、「恒寒」長い寒さが続く。「蒙」王が「聖」に反すれば、「恒風」長い間風が続く。

第十節　五福六極

九、五福。一は寿と曰す。二は富と曰す。三は康寧と曰す。四は好徳を攸むと曰す。五は考いて命を終ふと曰す。六極は、一は凶短折と曰す。二は疾と曰す。三は憂と曰す。四は貧と曰す。五は悪と曰す。六は弱と曰す、と。

●五つの幸せと六つの不幸

《九、五福。一は寿と曰す。二は富と曰す。三は康寧と曰す。四は好徳を攸むと曰す。五は考いて命を終ふと曰す。》

九番目は五福六極です。まず五福です。五つの幸せという意味です。一は寿。長寿、長生きの幸せ。二は富、富者の幸せ。三は康寧。健康でやすらかな幸せ。四は好徳を修める。徳が身に付いた幸せ。五は一生の途中で事故死などせず天寿を全うする幸せ。

《六極は、一は凶短折と曰す。二は疾と曰す。三は憂と曰す。四は貧と曰す。五は悪と曰す。六は弱と曰す、と。》

六極とは、六つの凶事、不幸という意味です。一は凶は幼いうちに死ぬ不幸。短は未成年で死ぬ不幸。折は結婚して一家を構えないうちに死ぬ不幸。これを凶短折といいます。二は疾、病気です。病気になる不幸。三は憂、心配ごとばかりの不幸。四は貧、貧乏の不幸。五は悪、悪事に染まり悪人になる不幸。六は弱、体が弱い不幸です。

洪範は、他の中国古典を読む時に、直接に引用されていたり、暗に間接的に表示されていたりしますから、知っておくと読みが深くなります。

旅獒

周の武王は当時としては高年齢で王を継いだため、政権を奪取したあと、在位十年弱で亡くなってしまいますが、その末期に召公という人が出てきます。召公は太公望、周公旦と並ぶ周王朝の名アドバイザーで、武王に対して、外交についてのアドバイスをします。

武王が天下を取ってしばらくたつと、力量のある王だという噂が周辺国に広がりました。すると、周がこれから発展するだろうと考えた周辺諸国から、次々に貢ぎ物が届くようになりました。そのとき、「旅」という国から「獒」という貢ぎ物が送られてきました。「獒」というのは、大きな犬です。この犬は、遠く西方にある「旅」の国の名産でした。

ここから「旅獒」は貢ぎ物の象徴とされました。そして、召公は「旅獒」という戒めを作り、これから外交はどうあるべきかということをつぶさに述べるのです。これは非常に重要なところです。

惟れ商に克ちて、遂に道を九夷八蛮に通ず。西旅底に厥の獒を貢す。太保乃ち旅獒を作り、用て王に訓ふ。曰く、嗚呼、明王徳を慎めば、四夷咸く賓す。遠邇有る無く、畢く方物を献ず。惟だ服食器用のみ。王乃ち徳の異姓の邦を致すを昭かにし、厥の服を替つる無からしむ。宝玉を伯叔の国に分ちて、時れ庸て親を展くす。人物を易えず、惟だ徳其れ物。徳盛なれば狎侮せず。君子を狎侮すれば、以て人心を尽す罔し。小人を狎侮すれば、以て其の力を尽す罔し。耳目に役せられざれば、百度惟れ貞し。人を玩べば徳を喪ひ、物を玩べば志を喪ふ。志は道を以て寧く、言は道を以て接はる。無益を作して有益を害せざれば、功乃ち成る。異物を貴んで用物を賤しまざれば、民乃ち足る。犬馬其の土性に非ざれば畜はず。珍禽奇獣、

国に育はず。遠物を宝とせざれば、則ち遠人格る。宝とする所惟れ賢なれば、則ち邇人安し。嗚呼、夙夜勤めざる或る罔かれ。細行を矜まざれば、終に大徳を累はす。山を為ること九仞、功一簣に虧く。允に玆を迪まば、生民厥の居に保んじ、惟れ乃ち世々王たらん。

●側近が外交上の注意点を書き記した「旅獒」

《惟れ商に克ちて、遂に道を九夷八蛮に通ず。西旅底に厥の獒を貢す。太保乃ち旅獒を作り、用て王に訓ふ。曰く、嗚呼、明王徳を慎めば、四夷咸く賓す。遠邇有る無く、畢く方物を献ず。》

　商に勝って「遂に道を九夷八蛮に通ず」中国の周りの異民族の国々とも通じ合うようになった。すると、それらの国から朝貢外交で、いろいろな名産品が送られてきた。その一つの象徴として「西旅」西方の旅という国から「獒」という大きな犬が貢ぎ物として送られてきた。それを見て「太保」召公が旅獒という文章を書いて「王に訓ふ」王を戒めた。

　そこで召公が何といったかというと、「嗚呼、明王徳を慎めば、四夷咸く賓す」明晰な王は徳をいかに発揮するかを考えて外交していけば、四方の異民族は尊敬して服従してくれるでしょう。「遠邇有る無く、畢く方物を献ず」遠い国とか近い国とか関係なく、皆、その土地の名産品を献上してくるでしょう。

その外交がうまくいっている証として見なければいけないのが献上品で、その受け方、捌き方が重要だと召公はいうわけです。では、どのように扱えばいいのか、召公は次のようにいっています。

《惟だ服食器用のみ。王乃ち徳の異姓の邦を致すを昭かにし、厥の服を替つる無からしむ。宝玉を伯叔の国に分ちて、時れ庸て親を展くす。人物を易えず、惟だ徳其れ物。徳盛なれば狎侮せず。君子を狎侮すれば、以て人心を尽す罔し。》

送られてくるものの多くは「惟だ服食器用のみ」衣服とか食器といった生活用品です。「王乃ち徳の異姓の邦を致すを昭かにし」王は自分たちと名前の違う異民族の国に対して徳を明らかにして、「厥の服を替つる無からしむ」服従する者を粗略にしないことです。そのようにして関係性をしっかり保つことが重要だというわけです。

「宝玉を伯叔の国に分ちて」送られてきた値打ちのあるものは「伯叔」同族の諸侯たちに分け与えたほうがいいでしょう。それは「時れ庸て親を展くす」親愛の関係を非常に厚くするものです。

当時は封建制で、自分の一族が要所要所に散らばって各地方のトップになっていました。そういうところと中央がうまくやらなければ、広大な領土を統治できません。そのために、朝貢された値打ちのあるものほど手元に置かず、同族の諸侯に分け与えるのが効果的な使い方だといっているわけです。

「人物を易えず、惟だ徳其れ物」物は物にすぎないけれど、それを活かして使えば大変な力を発揮する。そのためには、徳の表れとして、「こんなに素晴らしいものをいただいて、自分を尊重してくれているのだな」と相手に感じさせることが重要です。

「徳盛なれば狎侮せず」徳をかけてもらうと相手は有り難いと思って、馬鹿にしたり侮ったりするということはない。「狎侮」とは「他人を侮ること」です。

「君子を狎侮すれば、以て人心を尽す罔し」立派な人を侮蔑すれば、人は心を尽くすことができなくなる。

「小人を狎侮すれば、以て其の力を尽す罔し」国民を馬鹿にしたり粗略に扱ったり尊重しなければ、労役や兵役をしっかりやってくれなくなる。

《耳目に役せられざれば、百度惟れ貞し。人を玩べば徳を喪ひ、物を玩べば志を喪ふ。志は道を以て寧く、言は道を以て接はる。無益を作して有益を害せざれば、功乃ち成る。異物を貴んで用物を賤しまざれば、民乃ち足る。犬馬其の土性に非ざれば畜はず。珍禽奇獣、国に育はず。遠物を宝とせざれば、則ち遠人格る。宝とする所惟れ賢なれば、則ち邇人安し。》

「耳目に役せられざれば、百度惟れ貞し」耳目の欲に踊らされてしまうと節度を失うということがあります。ここは、「貢ぎ物に踊らされなければ節度や常識を乱すことはない」といっているのです。

「人を玩べば徳を喪ひ」人を馬鹿にすれば徳を失う。これはよくわかります。「物を玩べば志を喪ふ」とは、折角のいただきものを大切にしないで粗雑に扱うと志を失うといっているのです。これは鋭い指摘です。

「志は道を以て寧く」志は道義・道理によって安定し、「言は道を以て接はる」言動は道義・道理に基づいて行われてこそ安定したものになる。言動は志から来るもので、志とは道義・道理から来るものですから、志を失わなければ言動は安定することになります。

「無益を作して有益を害せざれば、功乃ち成る」功乃ち成ることを成功というわけですが、無益なことばかりして有益なことを大切にしないということがなければ、仕事は完成するのです。

「異物を貴んで用物を賤しまざれば」生活の足しにもならないような異物珍物ばかりを貴んで、暮らしに役立つものを馬鹿にするようなことをしなければ、「民乃ち足る」国民生活も満ち足りたものになってくる。

つまり、王が高価な珍品ばかりを大切にするようになると、民も真似してそうなってしまう。民が分不相応なことを望むようになると、生活はいつまでたっても満足できるものにはならないということです。

「犬馬其の土性に非ざれば畜はず」犬や馬は、この土地で生まれたものでなければ飼わない。つまり、どこかから連れてきたり貢ぎ物としてもらったような動物を飼育しようとすると、余計な労力がかかり、余計な出費をすることになる。だから「珍禽奇獣、国に育はず」珍獣奇獣は私の国では養わない、と。

「遠物を宝とせざれば、則ち遠人格る」とは、こういうことです。遠くの国の人に「おまえのところのこういう品物を送れ」と王様が命じれば、遠くの国の人は「なんという無礼な王様だ」と呆れかえる。しかし、王様が遠い国の品物を宝物として欲しがることがなければ、「つつましい常識的な王様だな」と見直すでしょう、と。歴代の王はなんでも欲しがったのに、今度の王は何も欲しがらないとなれば、遠くの国の人が見直しますよ、といっているわけです。

「宝とする所惟れ賢なれば、則ち邇人安し」そういうところを賢く行えば、遠くも近くも治まるでしょう。

《嗚呼、夙夜勤めざる或る罔かれ。細行を矜まざれば、終に大徳を累はす。山を為ること九仞、功一簣に虧く。允に茲を迪まば、生民厥の居に保んじ、惟れ乃ち世々王たらん。》

「嗚呼、夙夜勤めざる或る罔かれ」朝早くから夜遅くまで、しっかり努めてください。

「細行を矜まざれば」小さなことを馬鹿にして粗略にしたりしないで、小さなことほどしっかり行えば、「終に大徳を累はす」最後には大きな徳となります。

次の「山を為ること九仞、功一簣に虧く」は、有名な「九仞の功一簣に虧く」という言葉の出典です。これは「山を作るのに九分通り終わって完成寸前までいったけれど、最後のひともっこをないがしろにすれば、それは未完成のまま終わってしまう」ということです。最後の最後まで慎重に謹んで行う必要がある、ということをいっているわけです。

「允に茲を迪まば、生民厥の居に保んじ、惟れ乃ち世々王たらん」それをしっかりやれば、民はその住居に安んじて、あなたのことを王として尊敬して敬うでしょう。

以上のようにいって、これから王として外交をどう行うべきかを文章にして残したものが召公の「旅獒」です。

無逸

武王が亡くなると、武王の弟であり文王の四男の周公旦は武王の長男の誦を立てて、武王の次を継がせようとします。それに対して、周公旦の兄の管叔（かんしゅく）（文王の三男）と弟の蔡叔（さいしゅく）（文王の五男）・霍叔（文王の八男）が結託して、武庚という紂の子を担ぎ出し、周公旦を討ちに来ます。しかし、周公旦はそれをうまく成敗し、誦が成王となり、新しい時代が始まります。

成王の時代になると、周公旦はこの新しい王様に対していろいろな訓戒を説きます。この訓戒が、これから読む「無逸」です。「無逸」とは「逸になる無かれ」ということで、周公旦は王が安逸になることを戒めているのです。そこには愛情がなければとてもいえないようなことが語られています。

第一節　君子小人の逸するを言ふ

周公曰く、「嗚呼、君子所て、其れ逸する無かれ。先に稼穡の艱難を知れば、則ち小人の依（＝隠）を知る。小人を相るに、厥の父母稼穡に勤労するも、厥の子は乃ち稼穡の艱難を知らずして、乃ち逸し乃ち諺す。既に誕（＝延）ければ否に則て厥の父母を侮つて曰く、『昔の人聞知する無し』」と。

●勤労を決して馬鹿にしてはいけない

「周公曰く」周公が成王にこういいました。「嗚呼、君子所て、其れ逸する無かれ」君子は勤めるべきで、安逸に耽り、怠惰になってはいけない。そういう気持ちが起きたときには「先に稼穡の艱難を知れば」農事の艱難を知れ、と。自分たちの先祖は生きるために農作物を作り、幾多の困難を乗り越えて、苦労して生きてきた。そういうことを思い起こせ、というわけです。

そうすれば、「則ち小人の依を知る」民の痛みを知ることになる。「小人を相るに、厥の父母稼穡に勤労するも」町や村々を歩いて民の様子を見ると、多くの家では父母が苦労をして労働に励んでいるのにもかかわらず、「厥の子は乃ち稼穡の艱難を知らずして、乃ち逸し乃ち諺す」その子は生活の苦労を知らないで、怠けたり横着したりしている。あなたはそうなってはいかんぞ、というわけです。

「既に誕ければ否に則て厥の父母を侮つて」それが高じてくると、父母を侮って、一所懸命働いて自分を養い、生活を支えている父母に対して、「昔の人聞知する無し」昔の人は何も知りやしない、などといっている。

しかし、そんなことではいけない、というわけです。「人間は自分の体を使って生きていかなければいけない。それをよく知っておけ」といっているのです。それは国造りについてもいえることです。

周公旦は、自分たちが滅ぼした殷王朝も最初から悪い国ではなかった、といっているのです。建国あるいは創業は、創業者が本当に苦労をして成し遂げるものです。次の王はそれを見て育つので、まずまず良い王になります。その次の王は、まずまず良い王様を見て育つので、それなりに良い王様になります。しかし、時代を経るにしたがって、創業者の苦労はだんだん忘れ去られていきます。それは宿命といってもいいでしょう。

だから、創業の苦労というものをよく知らなければならないということを、周公旦は成王に最初にしっかり教えるわけです。

第二節　中宗・高宗・祖甲の無逸と其の後嗣王の逸とを言ふ

周公曰く、「嗚呼。我聞く、曰く、『昔、殷王中宗に在つては、厳恭寅畏、天命を自ら度り、民を治むるを祗懼して、敢へて荒寧せざりき。肆に中宗の国を享くる七十と有五年なりき。其れ高宗に在つては、時に舊しく外に労して、爰に小人と曁にす。其の位に即くに作んで、乃ち或亮陰三年、言はず。其れ惟れ言はず、言へば乃ち雍ぎ、敢へて荒寧せず。殷邦を嘉靖し、小大に至るまで、時れ怨むもの或る無かりき。肆に高宗の国を享くる、五十と有九年なりき。其れ祖甲に在つては、王と惟るを義とせず、舊しく小人と為る。其の位に即くに作んで、爰に小人の依を知り、能く庶民を保恵し、敢へて鰥寡を侮らず。肆に祖甲の国を享くる、三十と有三年なりき。時より厥の後の立王は、生には則ち逸す。生に則ち逸すれば、稼穡の艱

難を知らず、小人の労を聞かず、惟れ耽楽を之れ従にす。時より厥の後、亦克く寿なるもの或る罔く、或は十年、或は七八年、或は五六年、或は四三年』」と。

●歴史を示しながら長期政権と短命政権の違いを教える周公旦

《周公曰く、「嗚呼。我聞く、曰く、『昔、殷王中宗に在っては、厳恭寅畏、天命を自ら度り、民を治むるを祇懼して、敢へて荒寧せざりき。肆に中宗の国を享くる七十と有五年なりき。》

周公がいいました。「嗚呼。我聞く」私はこういう話を聞いている。「昔、殷王中宗に在っては、厳恭寅畏、天命を自ら度り」殷の四代目の王であった中宗は、いつも天に対して慎み畏れて対応し、「民を治むるを祇懼して」恐れおののいて政治を行い、「敢へて荒寧せざりき」みだりに安楽に耽ることはなかった。「肆に中宗の国を享くる七十と有五年なりき」したがって、中宗は七十五年も国を任された。

《其れ高宗に在っては、時に舊しく外に労して、爰に小人と曁にす。其の位に即くに作んで、乃ち或亮陰三年、言はず。其れ惟れ言はず、言へば乃ち雍ぎ、敢へて荒寧せず。殷邦を嘉靖し、小大に至るまで、時れ怨むもの或る無かりき。肆に高宗の国を享くる、五十と有九年なりき。》

その後の「高宗に在つては、時に舊しく外に労して」高宗（武丁）は都の外で労働をして、「爰に小人と曁にす」民の苦労を味わった。「其の位に即くに作んで、乃ち或亮陰三年、言はず」王位に就いてから、父の喪に服して、三年の間、何も話さなかった。「其れ惟れ言はず、言へば乃ち雍ぎ、敢へて荒寧せず」その後、口を開くようになると、安楽に浸ることもなく、良い王様になった。

「殷邦を嘉靖し、小大に至るまで、時れ怨むもの或る無かりき」殷の国をよく導いて、上から下に至るまで、怨む者は誰もいなかった。「肆に高宗の国を享くる、五十と有九年なりき」それで、高宗は五十九年間、王としての位を守り切った。

《其れ祖甲に在つては、王と惟るを義とせず、舊しく小人と為る。其の位に即くに作んで、爰に小人の依を知り、能く庶民を保恵し、敢へて鰥寡を侮らず。肆に祖甲の国を享くる、三十と有三年なりき。》

「祖甲に在つては、王と惟るを義とせず」二十五代の祖甲は、自分が王を継ぐべきではないといって、「舊しく小人と為る」久しく庶民の中に入って稼穡の苦労をした。

「其の位に即くに作んで、爰に小人の依を知り、能く庶民を保恵し、敢へて鰥寡を侮らず」王位に就いてからも、人々の苦痛をよく知って、庶民を養い、「鰥寡」身寄りのない不遇な人たちを大切にした。

「肆に祖甲の国を享くる、三十と有三年なりき」それゆえ、祖甲は三十三年の間、王位に就いた。


《時より厥の後の立王は、生には則ち逸す。生に則ち逸すれば、稼穡の艱難を知らず、小人の労を聞かず、惟れ耽楽を之れ従にす。時より厥の後、亦克く寿なるもの或る罔く、或は十年、或は七八年、或は五六年、或は四三年』」と。》

「時より厥の後の立王は」祖甲の後の王たちは、「生に則ち逸すれば」皆、苦労知らずの人間になってしまって、「稼穡の艱難を知らず、小人の労を聞かず」生活のために働く大変さや庶民の苦労を知らず、「惟れ耽楽を之れ従にす」逸楽のために王になっているようなものだった。

「時より厥の後、亦克く寿なるもの或る罔く」だから、長い間、政権を維持することはなかった。つまり、王に統治能力が欠けているから民が尊敬せず、結果的に短命で終わってしまうわけです。「或は十年、或は七八年、或は五六年、或は四三年」しか持たなかった。

　短命内閣が続いていくのは、王が王たるゆえんを忘れているからです。「あなたはそうなってはいけないぞ」と、周公旦は成王に諭しているわけです。

第三節　大王・王季・文王の無逸を言ふ

周公曰く、「嗚呼。厥れ亦惟れ我が周は、大王・王季は、克く自ら抑畏し、文王は卑服し、康功・田功に即く。徽柔懿恭にして、小民を懐保し、鰥寡に恵鮮し、朝より日中・昃に至るまで、食するに遑暇あらずして、用て万民を咸和す。文王敢へて遊田に盤しまず、庶邦と以に惟れ正を之れ供す。文王命を受けしは惟れ中身にして、厥の国を享くる五十年なりき」と。

●周公旦が成王に周の先祖たちの功績を語る

周公がいいました。「嗚呼。厥れ亦惟れ我が周は、大王・王季は」今話してきたことは、わが周の国でも全く同じで、中興の祖である大王（文王の祖父の古公亶父）は苦労して、周を成り立たせてきました。その古公亶父の息子が王季です。

古公亶父には太伯、虞仲、季歴と三人の息子がいました。王季というのは、三男の季歴のことです。先にもお話ししましたが、本来、三男が王位を継ぐことはあり得ないのですが、季歴の息子の昌が周の国を飛躍させるという予言があり、それを実現するために、長男の太伯と次男の虞仲が身を引いたのです。それで季歴が王季として王位に就き、息子の昌が文王となって後を継いだわけです。

文王の祖父である大王、父である王季は「克く自ら抑畏し」自分を厳しく律して、「文王は卑服し」文王は卑しい服を着て、「康功・田功に即く」自ら米をつき、田の耕作を行った。王になったときのことを考えて、稼穡の艱難を味わったわけです。

「徽柔懿恭にして、小民を懐保し」従順にして慎ましやかに、国民を安んじて、「鰥寡に恵鮮し」気の毒な人たちに対して恵みを与え、「朝より日中・昃に至るまで」朝から日中、そして夜遅くまで、「食するに遑暇あらずして、用て万民を咸和す」食事をする間もないぐらい、民を和合させることに勤めた。

「文王敢へて遊田に盤しまず」文王は狩りもしなかった。「田」とは「狩り」のことです。「庶邦と以に惟れ正を之れ供す」いつも国がどうすれば治まるかと頭を使って、正しいことしか行わなかった。

「文王命を受けしは惟れ中身にして」文王が「国家の長になれ」という天命を受けたのは「中身」中年の頃だったけれど、「厥の国を享くる五十年なりき」王になってからは五十年間、その位にいた。名君だったので、皆、文王が王でいることを望んでいたわけです。

第四節　周公、後嗣王に訓戒す

周公曰く、「嗚呼。今より継ぐの嗣王は、則ち其れ観に、逸に・遊に・田に淫する無く、万民と以に惟れ正を之れ供せよ。『今日耽楽せん』と曰ふに皇ある無かれ。乃ち民の訓ふ（＝順）攸に非ず、天の若ふ攸に非ざれば、時の人丕に則て愆有り。殷王受の迷乱して、酒徳に酗ひしが若くする無かれ」と。

●リーダーは「このぐらいはいいだろう」とは絶対に思ってはいけない

周公がいいました。「嗚呼。今より継ぐの嗣王は」これから王様を継ぐあなたは、「則ち其れ観に、逸に・遊に・田に淫する無く、万民と以に惟れ正を之れ供せよ」享楽に溺れるようなことなく、いつもしっかり政治を行うことを考えていかなければならない。

「観」は「見物」、「逸」は「安楽」、「遊」は「遊び惚ける」、「田」は「狩り」です。そういう王として本道ではないことに耽ってはいけないということです。

『今日耽楽せん』は「今日ぐらいはちょっと羽を伸ばして」ということ。得てしてそういうことになりがちだけれど、「曰ふに皇ある無かれ」そんなことをいっている暇などはない。

王様に限りませんが、「ちょっと羽を伸ばして」というのが、最初は月に一回だったのが、そのうち月に二回になり、三回になる。週に一回だったのが、二回になり三回になる。そうなりがちです。それは発端がよくなかったので、「今日ぐらいは羽を伸ばして」なんて「終生思ったらいかん」と訓戒しているわけです。つまり、スタートを切らせない。その気にさせないということが重要なのだということです。

「乃ち民の訓ふ攸に非ず」自分がこれから行おうとしていることは、民が見て手本とするだろうか、「天の若ふ攸に非ざれば」天に認めていただけるだろうかとよくよく考えて、そういうものでなかったとしたら、「時の人丕に則て愆有り」自分は間違っているのではないかと、第三者的な目で客観的に見るようにしなさい。

「殷王受の迷乱して、酒徳に酗ひしが若くする無かれ」殷王の受（紂）が暴君になったのも、「酒徳」酒の徳に酔ったから始まったことなのだ。最初は「一杯ぐらいいいじゃないか」というところから始まったものだというわけです。

つまり、スタートのところから気を引き締めて、「簡単に気を許してはいかん」ということをいっているわけです。

さて、次の「周官」は今回の講義の最後になります。

周官

この「周官」は、周公旦のよろしきを得て王となった成王が「自分はこのように自分を律していく」という宣言することが書かれています。

惟れ周王万邦を撫し、侯甸を巡り、四に庭せ弗るを征し、厥の兆民を綏んず。六服の羣辟、徳を承けざる罔し。宗周に帰りて、治官を董正す。王曰く、昔の大猷に若（在）りては、治を未だ乱れざるに制し、邦を未だ危からざるに保んぜり。曰く、唐虞古を稽へ、官を建つること惟れ百なり。内には百揆四岳有り、外には州牧侯伯有り。庶政惟れ和し、万国咸寧し。夏商の官は倍すも、亦克く用て乂まる。明王の政を立つること、惟れ其の官をせず、惟れ其の人をせり。今予小子、徳を祗み勤むれども、夙夜して逮ばず。前代を仰ぎ惟ひて時れ若ひ、厥の官に訓（順）ひ迪まん。

●先人の功を挙げ、自らも良き王になることを誓う成王

「惟れ周王万邦を撫し」周王は周辺国を治めて、「侯甸を巡り」正式な官服を着ている諸侯を

巡って、一人ひとりチェックしていった。「四に庭せ弗るを征し」四方にいる異民族が国交を交えようとしなければ正していき、「厥の兆民を綏んず」その敵国の国民でも安寧な生活をさせるようにする。

「六服の羣辟」六つの付属した諸侯と羣辟の中に、王の「徳を承けざる罔し」徳を受けないものはいない。つまり、自国もさることながら、周りの諸国も成王の徳を受けないものはない、ということです。

「宗周に帰りて、治官を董正す」周の都に帰って行政の百官を整える。

「王曰く、昔の大猷に若（在）りては、治を未だ乱れざるに制し、邦を未だ危からざるに保んぜり」成王がいった。「昔の大いなる道においては、政治というものは何も乱れていないときに、先を予見して危ういところを検討して整えていき、国に危機が訪れないように保つことが大切なのである」と。

つまり、何か問題が起こってから正していくのでは後手に回ってしまい、建設的なことができないのです。だから、乱れてしまう前に変えてしまい、一歩前進させておこうと考えるのが正しい政治だといっているのです。たとえば、敵国が攻めてきてから、「さあ、どうしよう」と考えるのではない。あらかじめ攻められることを想定して、弱点を潰しておくのが本当の政治なのだということです。

「曰く、唐虞古を稽へ、官を建つること惟れ百なり」堯舜の昔を考えれば、百官をしっかり押さえていた。「内には百揆四岳有り」百揆四岳という人たちを統括して、「外には州牧侯伯有り」外国に諸侯をしっかり置いた。「庶政惟れ和し、万国咸寧し」諸々の官職がよく治まって、すべての周りの国とも良い関係になった。

「夏商の官は倍すも、亦克く用て乂まる」夏殷の二代は官職が倍になったけれど、名君の頃はよく治まっていた。「明王の政を立つること、惟れ其の官をせず、惟れ其の人をせり」賢明な王の政治は官職に重きを置くのではなく、誰にその任を与えたかが重要なのである。つまり、適材適所で任命することを重視していた。

「今予小子、徳を祗み勤むれども、夙夜して逮ばず」私もそれを見習って、朝早くから夜遅くまで、徳を謹んで勤めているのではあるけれど、とても名君といわれるほどにはなっていない。

「前代を仰ぎ惟ひて時れ若ひ、厥の官に訓（順）ひ迪まん」前代の政治を一つひとつ丹念に省みて、それを手本にして、しっかりしたトップにならなければいけないと思うばかりである。

　以上のように成王が宣言をし、良き王になることを誓ったのです。ここにも名言がいくつも出ていました。是非、何度も繰り返し読んで、身に染みわたらせていただきたいと思います。

　今年は予想だにしない新型コロナウイルスの蔓延によって、日本においても久しぶりに命の危険というものを感じました。歴史を顧みると、日本人というのは外敵の襲来を受けるとしゃんとするという事実があります。鎌倉時代の元寇により、武士が日本の背骨になりましたし、幕末にペリーが来たことが、近代国家へ歩み出す第一歩につながりました。敗戦国家となり米軍に占領されたことが転機となって、戦後の発展を築き上げてきました。

しかし、このところはいささか平和ボケといわれる状況になっていたように思います。それが今回、コロナに襲われて、また「しゃんとしなければいけないぞ」と天から戒められたようにも感じます。

そういうタイミングで、皆様と一緒に、歴史的な名著である『書経』を丹念に読めたということは、私としては誠に敬服の至りです。時宜（じぎ）に適った良いときに、良い書物を読むことができたと思います。皆様には、これを契機として、さらに深読みをしていただければと願っています。

また、五経の中でも難物といわれて久しい『書経』を読んだという経験を一つの自信として、これからもいろいろな古典に親しみ、さらなる人間性の向上を目指していただきたいと思います。

【著者略歴】

田口佳史（たぐち・よしふみ）

昭和17年東京生まれ。東洋思想研究家。日本大学芸術学部卒業。新進の記録映画監督として活躍中。25歳の時、タイ国で重傷を負い、生死の境で「老子」と出合う。以後、中国古典思想研究に従事。東洋倫理学、東洋リーダーシップ論の第一人者として活躍。大企業の経営者や経営幹部などからも厚い支持を得る。47年イメージプラン創業、代表取締役社長。現在は会長。著書に『ビジネスリーダーのための老子「道徳経」講義』『人生に迷ったら「老子」』『横井小楠の人と思想』『佐久間象山に学ぶ大転換期の生き方』（いずれも致知出版社）『ビジネスリーダーのための「貞観政要」講義』（光文社）『超訳 孫子の兵法』（三笠書房）『上に立つ者の度量』（PHP研究所）など多数。

書経（しょきょう）講義録

令和三年一月二十日第一刷発行
令和四年九月二十日第二刷発行

著者 田口佳史
発行者 藤尾秀昭
発行所 致知出版社
〒150-0001 東京都渋谷区神宮前四の二十四の九
TEL（〇三）三七九六―二一一一
印刷・製本 中央精版印刷
落丁・乱丁はお取替え致します。（検印廃止）

ISBN978-4-8009-1249-7 C0095
ホームページ https://www.chichi.co.jp
Eメール books@chichi.co.jp